求是智库
ZJU Think Tank

先进制造业
政策观察

—— 第3辑 ——

《先进制造业政策观察》编写组 编

ZHEJIANG UNIVERSITY PRESS
浙江大学出版社
·杭州·

图书在版编目（CIP）数据

先进制造业政策观察.第3辑 /《先进制造业政策观察》编写组编. —杭州：浙江大学出版社,2022.3
ISBN 978-7-308-23052-0

Ⅰ.①先… Ⅱ.①先… Ⅲ.①制造工业—产业政策—研究—中国 Ⅳ.①F426.4

中国版本图书馆 CIP 数据核字（2022）第 168632 号

先进制造业政策观察(第3辑)
《先进制造业政策观察》编写组　编

责任编辑　陈佩钰（yukin_chen@zju.edu.cn）
责任校对　许艺涛
封面设计　周　灵
出版发行　浙江大学出版社
　　　　　（杭州市天目山路 148 号　邮政编码 310007）
　　　　　（网址：http://www.zjupress.com）
排　　版　杭州青翊图文设计有限公司
印　　刷　杭州钱江彩色印务有限公司
开　　本　787mm×1092mm　1/16
印　　张　9.5
字　　数　100 千
版 印 次　2022 年 3 月第 1 版　2022 年 3 月第 1 次印刷
书　　号　ISBN 978-7-308-23052-0
定　　价　68.00 元

内容说明

  本书旨在通过政策和战略的分析,发现制造业领域存在的重大风险问题,并为解决问题提供新发现和新视角。本书主要内容包括战略政策、策略观点和研究分析三个部分。

  战略政策。密切跟踪全球主要国家(地区)在经贸、科技和产业方面的重大战略与政策,通过政策综述的方式,揭示各国(地区)最新的战略动向及政策着力点。

  策略观点。选取政府相关部门、全球知名智库、国际组织等机构发布的关于制造业发展、供应链安全、产业竞争力、科技竞争等方面的分析和观点,对主要内容进行编译,为我国相关领域分析和研究提供借鉴与思考。

　　研究分析。 从产业发展、产业技术、产业管理以及产业安全的视角,对制造业竞争、高技术管制、产业安全、出口管制、工业基础调查等方面的内容进行深入分析,为具体领域问题的解决提供新视角,以及在此基础上提供进一步的深入研究和探讨。

目　录

战略政策

美国经贸和科技政策最新趋势综述

拜登自 2021 年 1 月 20 日正式上任之后至 2021 年底,共签署了 77 项行政命令,其中涉华的 11 项。从美国经贸政策趋势来看,近期主要体现重构美国制造业体系,强化供应链安全,加强对全球高技术人才的竞争;其重点议题聚焦:网络安全、半导体等高科技领域、人权问题、地缘政治。

一、制造业仍是美国获取竞争优势的主战场，
加强对全球高技术人才的竞争

(一)拜登政府宣布启动美国制造委员会，旨在帮助协调和推动整个联邦政府的制造业发展协调工作

2022 年 1 月 19 日，拜登政府宣布成立美国制造委员会①，以进一步确保"美国的未来是由所有美国工人创造的"。该委员会将建立定期论坛，加强联邦财政支持和采购等方面的协调性，扩大对国内供应链的需求，振兴美国制造。委员会将协调政府采购涉及的 6000 多亿美元支出，帮助精简和加强政府工作，以高效实施《基础设施投资和就业法》(IIJA)。该委员会还将推动数据共享，推广国内

———————————

① https://www. whitehouse. gov/omb/briefing-room/2022/01/19/launching-a-new-made-in-america-council/.

采购方法,帮助制造业企业建立和扩大关键供应链。

(二)拜登政府宣布吸引 STEM 人才以加强美国经济和竞争力的行动计划

2022 年 1 月 21 日,拜登政府表示,美国最大的优势之一是有能力吸引全球人才,以加强美国的经济和技术竞争力[①]。其中,科学、技术、工程、数学(STEM)领域对美国的经济繁荣和国家安全至关重要。为此,美国国务院和国土安全部宣布了新的行动,为国际 STEM 学者、学生、研究人员和专家长期在美提供便利,明晰他们参与学术、研发和创新的路径。具体为:

(1)持有 J-1 签证人员的学术培训时间由原来的 18 个月延长至 36 个月。

(2)在 STEM 可选实习培训计划中新增 22 个可选专业领域。新增专业主要包括新的交叉学科或新兴领域,

---

① https://www. whitehouse. gov/briefing-room/statements-releases/2022/01/21/fact-sheet-biden-harris-administration-actions-to-attract-stem-talent-and-strengthen-our-economy-and-competitiveness/.

如云计算、数据可视化和数据科学等。该项目将支持美国的经济增长,提高美国的技术竞争力。

(3)更新 O-1A 签证的认定。O-1A 又被称为杰出人才签证,为工作签证,适用于在科学、商业、教育或体育领域的杰出人才。

(4)更新移民政策手册。移民服务局的政策更新后,将阐明 STEM 领域的高级学位获得者及企业家的移民申请标准,提高移民申请效率。

(三)拜登政府宣布对美国港口和水路基础设施进行历史性投资

2022 年 1 月 19 日,美国白宫网站发布消息称,拜登政府宣布对美国港口和水路基础设施进行投资[①],将在 2022 财政年度为 52 个州和地区的 500 多个项目投资 140 多亿美元。这将用于:恢复和振兴佛罗里达州的大沼泽

[①]　https://www. whitehouse. gov/briefing-room/statements-releases/2022/01/19/fact-sheet-biden-harris-administration-announces-historic-investment-to-americas-port-and-waterway-infrastructure/.

地（Everglades，埃弗格莱兹）；对美国规模较大的港口进行扩容改造；帮助沿海地区重建抵御极端天气的能力。

根据此声明，美国陆军工程兵团将在 2022 财年启动以下项目：(1)加强国内供应链。美国的港口和水道是美国经济的基石。两党基建法案承诺提供 40 亿美元，对关键港口进行扩容改造，进一步提高货物运输能力。(2)应对气候变化。2022 财政年度还将通过《救灾和补充拨款法》增加投资，以加强自然灾害后的恢复重建工作，减轻家庭和企业遭受的气候变化风险。

二、网络安全问题成为美国政府的"头等大事"

(一)关于改善国家安全、国防部和情报界网络安全的备忘录

2022 年 1 月 19 日，美国白宫发布拜登签署的关于改

善国家安全、国防部和情报界网络安全的备忘录①。该备忘录阐述了国家安全系统(NSS)的要求。早在 2021 年 5 月 12 日,美国出台了第 14028 号关于提高美国网络安全的行政令②,提出联邦信息系统的网络安全要求,联邦政府必须通过大胆的变革和扩大网络安全重大投资,以改进、识别、阻止、防范、检测和应对恶意网络活动及其参与者的工作。该备忘录提出,国家安全系统至少采用与第 14028 号行政命令中联邦民用网络相同的网络安全措施。网络安全是拜登政府的国家安全和经济安全的要务,为确保美国关键基础设施的安全,拜登政府发起了一项旨在改善电力和管道行业网络安全的紧急行动计划,已有 150 多家公用事业公司承诺部署网络安全技术,将覆盖 9000 万美国人使用的公共网络。同时,拜登政府也正在与其他关键部门合作制订类似的行动计划。

---

① https://www. whitehouse. gov/briefing-room/statements-releases/2022/01/19/fact-sheet-president-biden-signs-national-security-memorandum-to-improve-the-cybersecurity-of-national-security-department-of-defense-and-intelligence-community-systems/.

② https://www. whitehouse. gov/briefing-room/presidential-actions/2021/05/12/executive-order-on-improving-the-nations-cybersecurity/.

(二)"2022 财年国防授权法案"有近 40 个网络安全相关条款

网络安全问题在过去几年一直是国防授权法的重点关注事项之一。在"2022 财年国防授权法案"①第十五章就涉及网络空间相关事项的内容,其中有近 40 个网络安全相关条款。主要规定包括:要求国防部首席信息官和美国网络司令部司令共同制定"零信任战略";扩充网络安全基础设施和安全局(CISA)权限,加强对工业控制系统的监控;制订国家网络事件响应计划;扩展与关键基础设施相关的网络风险监控试点计划;国防部网络安全成熟度模型认证(CMMC)计划对小企业的成本影响评估,以及向国会提交一份关于国防部 CMMC 计划的报告;等等。

---

① https://www.congress.gov/bill/117th-congress/senate-bill/1605/text.

(三)商务部工业与安全局(BIS)信息安全管制临时最终规则

2021 年 10 月 21 日,美国商务部工业与安全局(BIS)发布一项临时规则[①],以国家安全(NS)和反恐怖主义(AT)对某些网络安全物项建立了新的管制措施。2022 年 1 月 12 日,BIS 发布关于该规则的延期公告[②],即将临时最终规则的生效日期推迟 45 天,即至 2022 年 3 月 7 日。可见,网络安全将是美国未来加强自身基础设施建设和主导国际网络空间控制权关注的核心领域。

[①] https://www.bis.doc.gov/index.php/documents/regulations-docs/federal-register-notices/federal-register-2022/2895-87-fr-1670-cyber-items-delay-of-effective-date-1-12-22.

[②] https://www.bis.doc.gov/index.php/documents/regulations-docs/federal-register-notices/federal-register-2022/2895-87-r-1670-cyber-items-delay-of-effective-date-1-12-22.

三、强化战略竞争优势，加大对半导体等产业的政策措施

（一）拜登政府积极推动半导体制造业回归本土

2022 年 1 月 21 日，拜登政府发表声明，进一步强调要将半导体制造业带回美国①。拜登政府以全政府模式保证对关键领域的投资：

（1）拜登在其就职后不久，就优先考虑美国国内的半导体制造和研发（R&D），将半导体供应链确定为 2021 年 2 月推出的国家供应链计划的核心。

---

① https://www.whitehouse.gov/briefing-room/statements-releases/2022/01/21/fact-sheet-biden-harris-administration-bringing-semiconductor-manufacturing-back-to-america-2/.

(2)2021 年 6 月,美国商务部发布了一系列关于如何确保美国半导体供应链安全的建议①。商务部部长吉娜·雷蒙多(Gina Raimondo)、国家安全顾问杰克·沙利文(Jake Sullivan)和白宫国家经济委员会主任布赖恩·迪斯(Brian Deese)与行业领袖、外交伙伴及盟友定期举行活动,以推进切实可行的解决方案,加强全球半导体供应链。

(3)2021 年 10 月,拜登总统在 G20 峰会期间主办了一次全球供应链峰会②,与会的有欧盟 18 个经济体,讨论供应链中断问题,其中半导体是重点。拜登在与外国领导人的双边会议上也提出要重点关注半导体供应链的弹性问题,并表示将与欧洲合作,通过美国—欧盟贸易和技术委员会(TTC)及四方会议(QUAD)关注关键技术、加强全球供应链。

---

① https://www. whitehouse. gov/wp-content/uploads/2021/06/100-day-supply-chain-review-report. pdf.

② https://www. whitehouse. gov/briefing-room/speeches-remarks/2021/10/31/remarks-by-president-biden-at-global-summit-on-supply-chain-resilience/.

（二）半导体供应链风险信息请求（RFI）

2022 年 1 月 25 日，美国商务部公布了 2021 年 9 月发布的《半导体供应链风险信息请求（RFI）》的结果①。该报告揭示了半导体短缺的现象，并强调国会应尽快通过总统提议的为振兴美国半导体行业提供 520 亿美元的补贴计划。RFI 反映出的问题为：

芯片需求高企，制造商库存不足；瓶颈集中在几种特定类型的半导体应用中：（1）传统芯片严重短缺。汽车、医疗设备和其他产品使用的传统逻辑芯片面临最严重的短缺。（2）模拟芯片供不应求。用于电源管理、图像传感器、射频和其他应用的模拟芯片需求量非常大，而且供不应求。（3）光电子芯片面临瓶颈。用于传感器和开关的光电子芯片面临瓶颈。（4）产能不足。晶圆产能不足是主要瓶颈，但目前缺少短期解决方案。

---

① https://www.commerce.gov/news/blog/2022/01/results-semiconductor-supply-chain-request-information.

(三)商务部呼吁支持强大的国内半导体产业计划

2022 年 1 月 24 日,美国商务部呼吁:激励对半导体制造设施和相关生态系统的投资[①];提供共享基础设施以加速半导体的研究、开发和原型设计;支持与先进封装和先进计量相关的研究,以确保国内半导体产业蓬勃发展。

美国商务部关注以下主题:(1)半导体财政援助计划,通过向私营实体、私营实体财团或公私财团提供资金,以激励半导体制造设施和配套基础设施的建立、扩展或现代化;(2)建立国家半导体技术中心,作为人才、知识、投资、设备和工具集的中心;(3)先进的封装制造计划,将计算机芯片嵌入非常小的配置中,这些配置将结合多个系统,使成本降低、功能增加,以及能源效率提高;(4)关注半导体行业当前和未来的劳动力发展需求。

---

① https://www. commerce. gov/news/press-releases/2022/01/commerce-department-requests-information-supporting-strong-us.

(四)众议院推进美国创新与竞争法案

2022年2月4日,美国众议院通过《美国竞争法案》(*America Competes Act*)①。该法案授权502亿美元投资半导体芯片;授权450亿美元加强美国供应链和制造业,加强美国经济和国家安全,防止关键商品短缺,并确保更多的这些商品在美国本土生产;推动科学研究和技术创新来提升美国的全球竞争力;确保美国在全球的利益以及价值观的输出,提升美国的全球领导地位。该法案还计划为受新冠肺炎疫情导致的贸易和供应链中断影响的工人提供新的贸易调整援助。

---

① https://www.whitehouse.gov/briefing-room/presidential-actions/2022/02/04/statement-from-president-biden-on-house-passage-of-the-america-competes-act/.

四、人权、强迫劳动问题是其关注的
重大贸易事件

　　美国 2022 年重大贸易事件涉及人权问题的将有 3 项[①],分别为:1 月 22 日,强迫劳动执法特别工作组接受公众意见的截止日期,这些意见是关于如何最好地防止所谓的由"中国新疆地区强迫劳动制造的商品"进入美国;3 月 23 日,要求国务卿向国会提交一份报告,以促进与提高国际社会对所谓的"中国新疆地区强迫劳动"的认识和解决强迫劳动问题的举措;6 月 21 日,根据所谓的"维吾尔强迫劳动预防法"(UFLPA),强迫劳动执法工作队必须向国会提交一份报告,概述防止"中国新疆地区强迫劳动产品"进入美国的战略。

　　1 月 24 日,美国国土安全部发布就防止其所谓的"中国新疆地区强迫劳动有关货物"进入美国的方法征求公

---

　　① https://www.whitehouse.gov/briefing-room/statements-releases/2021/12/14/statement-by-press-secretary-jen-psaki-on-the-uyghur-forced-labor-prevention—act/.

众意见的通知①。该项通知主要涉及：根据所谓的"维吾尔强迫劳动预防法"（UFLPA）的要求，美国国土安全部代表强制劳动执法工作队（FLETF），将全部或部分限制与所谓的"强迫劳动"有关的货物进口。在收到意见后，FLETF 将举行公开听证会并制订计划，以支持执行经修订的《1930 年关税法》第 307 节。

五、市场准入、贸易政策

（一）众议院筹款委员会主席提出一项法案，禁止来自中国及其他非市场经济体的低价值商品在最新限额下免税进入美国

针对中国商品的准入问题，美众议院筹款委员会贸

---

① https://www.dhs.gov/news/2022/01/24/dhs-advances-biden-harris-efforts-stop-flow-goods-produced-forced-labor.

易小组委员会主席厄尔·布鲁门瑙尔(Earl Blumenauer)于 2022 年 1 月 18 日提出一项法案。该项法案名为"安全与进口公平法案"①,将禁止来自非市场经济体的商品(主要是中国),以及受第 301 节和第 232 节关税约束的商品享受最低限额待遇。

(二)FCC 撤销中国联通在美国的经营授权

2022 年 1 月 27 日,美国联邦通信委员会(FCC)撤销了中国联通(美洲)运营有限公司在美国境内提供国内州际和国际电信服务的经营授权②。

2019 年,美国多名议员表示,FCC 应审查中国联通和中国电信在美运营资格。此后,FCC 以国家安全为由,拒绝了中国移动(美洲)参与美国电信服务的投标。2021 年 3 月,FCC 撤销了中国联通(美洲)、太平洋网络公司及其全资子公司 ComNet 在美提供服务的

---

① https://blumenauer. house. gov/sites/blumenauer. house. gov/files/One％20Pager％20-％20Import％20Security％20and％20Fairness％20Act. pdf.

② https://www. fcc. gov/document/fcc-revokes-china-unicom-americas-telecom-services-authority.

授权,并声称这些电信企业被中国政府控制,会造成安全风险。2021 年 10 月,FCC 吊销了中国电信(美洲)在美运营许可。FCC 称将考虑采取措施应对所谓中国联通(美洲)构成的威胁,因为中国联通(美洲)与美国国家安全机构所强调的中国移动(美洲)具有相同的特征。

(三)2021 年向国会提交《中国 WTO 合规性的年度报告》

2022 年 2 月 16 日,美国贸易代表办公室(USTR)发布了《2021 年向国会提交的关于中国 WTO 合规性的年度报告》[①],该报告为拜登政府对中国自 2001 年加入世贸组织后有关遵守世贸组织规则的年度评估报告。USTR 强调美国需要新战略来解决中国"政府主导的非市场的经济和贸易方式"带来的问题。

2021 年 10 月,美国贸易代表戴琦(Katherine Tai)宣

[①]　https://ustr.gov/about-us/policy-offices/press-office/press-releases/2022/february/ustr-releases-annual-report-chinas-wto-compliance.

布了美国战略方针的初步步骤,现已开始实施:(1)美国继续加强与中国的双边接触,寻找可合作的领域。中国是美国重要的贸易伙伴,USTR 在报告中表示,"必须利用一切途径使(中国的)经济和贸易制度真正改变"。(2)继续使用国内贸易工具,为美国工人和企业提供更公平的竞争环境。(3)加强与盟友和伙伴的广泛合作。通过双边、区域和多边论坛来加强合作,包括通过世贸组织加强与盟国和合作伙伴的接触并捍卫共同利益。

六、地缘政治、盟友之间的合作

(一)加快推进针对中国的"大战略",2022 年重大贸易事件为针对中国大战略确定了时间节点

美国 2022 年重大贸易事件涉及中国"大战略"的事

项有 3 项,分别为:(1)3 月 9 日,"2022 财年国防授权法案"①要求白宫开始制订针对中国的"大战略";(2)6 月 30 日,美国国务院向国会提交关于中国在拉丁美洲和加勒比地区扩大存在和影响力报告的截止日期;(3)11 月 4 日,美国政府提交其对中国"大战略"的可能截止日期。

(二)美国公布"印太战略",抗衡中国

2022 年 2 月 11 日,拜登政府公布美国"印太战略"②,承诺向印太地区投入更多的外交与安全资源,以抗衡中国。这份战略文件称,加强在印太地区的长期地位和投入,专注于区域的每一个角落,从东北亚和东南亚,到南亚和大洋洲,包括太平洋岛屿。同时指出,只有将美国牢牢扎根于印太地区,并与最亲密的盟友和伙伴共同加强该地区本身的实力,美国的利益才能得到促进。该战略

---

① https://www. whitehouse. gov/briefing-room/statements-releases/2021/12/27/statement-by-the-president-on-s-1605-the-national-defense-authorization-act-for-fiscal-year-2022/.

② https://www. whitehouse. gov/briefing-room/speeches-remarks/2022/02/11/fact-sheet-indo-pacific-strategy-of-the-united-states/.

称,根据一项针对未来 12～24 个月的行动计划,美国将扩大在东南亚和太平洋岛屿的外交范围,并优先考虑与太平洋岛国进行包括美军准入问题的重要谈判。该战略提到了要在安全领域加深与澳大利亚、日本、韩国、泰国和菲律宾五国的同盟关系。该文件重申,美国计划在 2022 年初启动"印太经济框架",以填补自前总统特朗普退出 TPP 带来的美国在该地区的"空白"。

(三)联合盟友就贸易问题施压中国

2022 年 2 月 7 日,美日发表联合声明,称要针对解决钢铁和铝行业的非市场产能过剩问题进行合作①。美国商务部同时宣布,与日本达成一项新的 232 关税协议,取消前总统特朗普政府时期对日本进口钢铁加征的 25% 的关税,并替换为关税配额(TRQ)。该协议于 2022 年 4 月 1 日生效。此次美日并未就铝的关税豁免达成协议,美国将对从日本进口的铝继续征收 10% 的关税。

---

① https://www.commerce.gov/sites/default/files/2022-02/US-Japan-Joint-Statement.pdf.

自拜登政府就任以来,美国一直致力于修复与盟友的紧张关系。美国商务部部长吉娜·雷蒙多(Gina Raimondo)在美日协议的联合声明中表示,该协议将加强美国钢铁工业竞争力,增加美国钢铁行业就业,同时获得更多的廉价钢铁。她称"该协议将帮助美国重建与世界各地盟友的关系,打击中国的'不公平贸易做法'"。在钢铁和铝行业,2021 年 10 月,美国与欧盟达成钢铝协议,美国每年从欧盟进口的钢铁将有 440 万吨免征关税,恢复至特朗普政府加征关税之前的水平。2018 年 6 月,特朗普政府宣布对欧洲钢铁加征 25% 的进口关税,对铝加征 10% 的进口关税。后续,美欧还将就阻止高碳排放钢铁贸易的全球协议进行谈判,目的是共同针对碳密集型的中国钢铁产业。

美国贸易代表戴琦表示,美欧和美日达成的钢铁行业协议,可以帮助美国"打击中国在钢铁行业的反竞争、非市场贸易行动",同时帮助实现美国的全球气候议程。除钢铝行业外,2021 年,美欧还就空客、波音的补贴达成协议,放弃高额关税,也体现了美国想要修复与盟友关系的态度。

(四)日美新设经济版"2＋2"磋商

2022 年 1 月 21 日,日本首相岸田文雄与美国总统拜登首次通过视频进行了长约 80 分钟的磋商①,两国就新设经济部长级"2＋2"磋商达成协议。这是岸田文雄自 2021 年 10 月就任以来,首次举行的日美首脑正式磋商。岸田文雄在磋商后的记者会上表示,"为实现'自由开放的印度太平洋',日美将展开合作,深化与志同道合国家的合作"。关于经济版"2＋2"磋商,日本方面由外务大臣和经济产业大臣参加,而美国方面由国务卿与商务部长参加。日美经济版"2＋2"磋商将成为日美针对印度太平洋地区的基础设施建设等第三国投资讨论合作的平台,该安排将聚焦供应链、技术投资、标准制定和出口管制方面,而且将涉及针对中国的经济安全保障。岸田文雄还表达了希望美国重返《全面与进步跨太平洋伙伴关系协定》(CPTPP)的想法。

---

　　① https://www. whitehouse. gov/briefing-room/statements-releases/2022/01/21/readout-of-president-bidens-meeting-with-prime-minister-kishida-of-japan/.

七、拜登执政第一年发布的行政命令及
国会议员的立法动向

(一)拜登签署的行政命令情况

拜登自 2021 年 1 月 20 日正式就任美国总统后至 2021 年底,共签署了 77 项行政命令,其中涉华的有 11 项,占比 14.3%。主要包括:"确保未来由美国工人在美国制造"的第 14005 号行政命令;关于"应对国内外气候危机"的第 14008 号行政命令;关于"美国供应链安全问题"的第 14017 号行政命令;关于"改善国家网络安全"的第 14028 号行政命令;关于"与气候相关的金融风险"的第 14030 号行政命令;关于"中国某些涉军企业证券投融资问题"的第 14032 号行政命令;关于"保护美国人的敏感数据免受外国对手攻击"的第 14034 号行政命

令;关于"提升美国经济竞争力"的第 14036 号行政命令;等等。

(二)国会议员的立法动向情况

美国第 117 届国会迄今共提出 11461 项立法提案,其中签署成为正式法律的有 81 项,占比 0.7%。与特朗普执政时期的第 115 届国会和第 116 届国会提出的立法提案及最终签署成为正式法律的情况相比数量明显下降。第 115 届国会共提出 13556 项立法提案,最终签署成为正式法律的有 443 项,占比 3.3%;第 116 届国会共提出 16601 项立法提案,最终签署成为正式法律的有 344 项,占比 2.1%。

从第 117 届国会涉华立法提案的发起人情况看,众议院中主要是迈克·加拉格尔(Mike Gallagher)、斯科特·佩里(Scott Perry)和吉姆·班克斯(Jim Banks)等;参议院中主要是马尔科·卢比奥(Marco Rubio)、罗伯特·梅内德斯(Robert Menendez)和汤姆·科顿(Tom Cotton)等。其中,参议员马尔科·卢比奥发起的涉华立法提案主要涉及国际事务、政府运作与政治、入境事务、商业问题、投融资、武装部队和国家安全,以及教育、卫生、科技和通信等领域。

八、智库研究热点聚焦大国竞争、新兴技术和技术竞赛

2021 年 12 月 21 日,美国国会研究服务部发布《新的大国竞争:对国防的影响——国会问题》[①]报告。报告指出,与中俄的大国竞争深刻改变了冷战后美国国防问题的重心。美国国会应关注美国国防规划如何应对与中俄之间的大国竞争,是否批准或修改拜登政府提出的“为应对大国竞争”的军费水平、战略、计划和项目等。

美国布鲁金斯学会发布《中美技术竞赛》[②]报告,收录了 10 位学者关于中国技术实力增长的影响及美国为保护技术地位可采取措施的主要观点,聚焦技术与经济、安

---

① https://crsreports. congress. gov/product/pdf/R/R43838/83.

② https://www. brookings. edu/essay/u-s-china-technology-competition/.

全和价值三个方面。重要主题包括全球科技产业分化是
否符合美国利益、美国如何深化与盟友的技术和军事合
作、美国如何应对中国技术出口和标准制定的对外影响、
美国如何减轻开放数字环境中的安全风险。

　　美国国家科学基金会(NSF)发布《美国是全球科学
与工程的基石》①报告。报告指出,美国必须成为全球
S&E 生态系统的基石。为此,美国必须完善签证制度、
吸纳更多外国科技人才,加大对工程、计算机和数学等领
域的研发资助,加大对基础研究的投入,为知识和技术密
集型行业中的关键与新兴技术制定规范,加强国际出版
物和基础设施方面的合作。美国国家科学委员会(NSB)
和美国国家科学基金会(NSF)日前联合发布《2022 年美
国科学与工程状况》②报告,该报告总结了评估美国科学
与工程(S&E)企业地位的关键指标,体现了美国 S&E 企
业多个方面的全球地位。报告称:全球研发(R&D)绩效
集中在几个国家,其中美国表现最好(2019 年占全球研发
的 27%),其次是中国(22%)、日本(7%)、德国(6%)和韩
国(4%);研发绩效的全球集中度继续从美国和欧洲转移

①　https://www.nsf.gov/pubs/2020/nsb20222/nsb20222.pdf.
②　https://ncses.nsf.gov/pubs/nsb20221.

至东亚与南亚国家；许多中等收入国家（例如中国和印度）正在增加 S&E 出版物、专利活动及知识与技术密集型产出，将促进科学和技术能力在全球各地的分布；尽管联邦政府资助的研发绝对金额有所增加，但美国政府资助的美国研发总额的比例从 2010 年的 31% 降至 2019 年的约 21%；美国 STEM 劳动力占美国总劳动力的 23%，涉及所有受教育水平的工人；在获得 S&E 学位的学生和至少拥有学士学位的 STEM 工作者中，黑人和西班牙裔的份额不足；美国授予全球最多的 S&E 博士学位。在美国的 S&E 博士生中，很大一部分是国际学生，在经济学、计算机科学、工程、数学和统计学领域的博士学位中，有一半以上授予了国际学生。

国际战略研究中心（CSIS）发布 2022 年应关注的五件事[①]：一是新冠肺炎疫情下的经济走势，这可能仍是 2022 年全球经济复苏的最大决定因素；二是美国的印太战略，能否推进美国在印太地区的经济利益是 2022 年对拜登政府的一个重要考验；三是中美竞争，随着中美竞争的加剧，预计经济安全与国家安全之间的界限将继续模

---

① https://www.csis.org/analysis/five-things-watch-2022.

糊;四是数字货币,2022年将进一步采用官方央行数字货币(CBDC)和私人加密货币;五是太空轨道基础设施,随着全球互联互通的竞争加剧,2022年新的近地轨道(LEO)卫星星座或将取得重大进展。

世界经济论坛(WEF)发布了《2022年度全球风险报告》[①],这是世界经济论坛发布的第17份全球风险报告。报告展示了全球风险认知调查的最新结果,并分析了由当前经济、社会、环境和技术的紧张局势而诱发的主要风险。报告认为,社会凝聚力的持续崩溃、陷入生存危机人群的增加和应对气候变化的措施进展缓慢是潜在风险最为严重的领域,它们与极端天气事件、生物多样性丧失、传染性疾病、人为的环境破坏、自然资源短缺、债务危机和地缘经济对抗一起被列为2022年全球十大风险。

英国智库发文探讨欧洲安全概念和相关政策的改变。2022年1月10日,英国查塔姆研究所发表了题为《欧洲安全如何改变》[②]的文章。文章简要分析了"安全"的概念在移民政策、经济和贸易政策、卫生政策、技术政策和气候政策这五个领域的发展,认为"安全"的框架在

---

① https://www.weforum.org/reports/global-risks-report-2022.

② https://www.chathamhouse.org/2022/01/how-european-security-changing.

这五个领域存在地理边界的军事化、摆脱早期的自由主义范式和援引紧急情况三大趋势。该文指出了当前全球贸易问题安全化和政治化倾向日益严重的现实,提醒我们需要认真对待并深入思考。

美国外交学会网站发表的题为《2022 年值得关注的冲突》①的文章称,美国或将不得不在未来应对阿富汗、海地、黎巴嫩和委内瑞拉等地的人道主义危机。与此同时,美国还需要应对由乌克兰问题导致的美俄紧张局势的加剧,以及伊朗核问题可能引发的对抗风险等问题。

美国发布《2022 年美国情报界年度威胁评估》②。该报告重点关注未来一年美国将面临的最直接、最严重的威胁。一方面,对中国、俄罗斯、伊朗和朝鲜等国家,就区域和全球目标活动,从军力、大规模杀伤武器、外太空争夺、网络技术以及对美国的不利影响等角度进行综合评估;另一方面,就新冠肺炎疫情、气候环境变化、地区冲突(包括阿富汗塔利班、印巴争端、中印关系)等问题进行了论述。报告指出,新冠肺炎疫情持续混乱带来的全球挑

---

① https://www.cfr.org/report/conflicts-watch-2022.

② https://www.dni.gov/files/ODNI/documents/assessments/ATA-2022-Unclassified-Report.pdf.

战、全球努力应对气候变化、日益强大的非国家行为者和快速发展的网络技术等,所有这些都是在一个不断演变的世界秩序的背景下进行的,在这个世界秩序中,权力的持续扩散导致行为者重新评估他们在日益两极化的世界中的地位和能力。

策略观点

"2022 财年国防授权法案" 涉华条款解析

2021 年 12 月 27 日,美国总统拜登签署 "2022 财年国防授权法案"(FY2022 NDAA),成为正式法律。法案涵盖遏制中国和俄罗斯的举措,尤其是纳入对华强硬派参议员米特·罗姆尼(Mitt Romney)提出的所谓的"中国战略"。本文主要聚焦该法案涉及的中国部分内容,分析美国下一财年的对华战略布局要点、技术发展和遏华重点,以及其中涉及的贸易问题等。

一、基本情况

从"2022 财年国防授权法案"FY2022 NDAA 在国会立法程序的各个节点看:2021 年 5 月 13 日,美国参议院提交其"2022 财年国防授权法案"文本;6 月 9 日,参议院一致同意通过未经修正的法案文本;12 月 7 日,众议院以 363 票对 70 票通过参议院版本的法案文本;12 月 15 日,参众两院解决分歧,参议院以 88 票对 11 票通过众议院对 S. 1605 的修正案;但由于立法提案措辞的技术性问题,直至 12 月 23 日,法案才被提交至总统拜登签署;12 月 27 日,拜登签署该法案为正式法律。

从整体框架上看:提交总统拜登签署的版本共 910 页①,分为六编(Division)内容,共计 6610 节(Section)。这六编内容分别涉及授权的国防部资金情况、授权的军队建设资金情况、授权的能源和国家安全及其他事项情

---

① 截至撰稿时,美国国会公布的"2022 财年国防授权法案"最新版本。

况、授权的资金分布表、授权的国务院资金情况以及其他非国防部事项的资金情况。其中,授权的国防部资金涉及采购(procurement),研究、开发、测试和评估,运行和维护,采办(acquisition)政策、采办管理及相关事项,国防部的组织和管理,与外国有关的事务。另外,从法案聚焦的区域布局看,主要涉及中国、东盟/印太、俄罗斯。这表明,美国"2022 财年国防授权法案"中的中国含量继续保持高位。

从涉及的预算资金走向上看,"2022 财年国防授权法案"涉及 7680 亿美元的授权支出,其中 7403 亿美元用于国防部,超出拜登提出的 7150 亿美元的国防预算。此外,还有 278 亿美元用于能源部的国家安全计划。从聚焦事项看,法案侧重于美国最重要的国家安全优先事项,包括:与中国和俄罗斯的战略竞争;颠覆性技术,如高超音速武器、人工智能、5G 和量子计算;美国船只、飞机和车辆现代化问题等。

二、主要涉华条款情况

(一)总体情况

目前提交至总统拜登的"2022 财年国防授权法案"版本中,直接涉华的条款有 8 节(Section)内容,分布在两编(Division)、6 章(Title)中;同时提及俄罗斯和中国的条款有 4 节内容,分布在两编三章中。

(二)法案围绕中国的地缘布局情况

从该法案最终授权的资金情况看,印太地区是重中之重。FY2022 NDAA 涉及四个区域性倡议,具体为:第 1241 节是关于"太平洋海事安全倡议"的扩充及修订;第

1242 节是关于"太平洋威慑倡议"的扩充及修订;第 1232 节是关于"乌克兰安全倡议"的扩充;第 1303 节是关于"欧洲威慑倡议"问题,涉及美国对欧洲的军事投资情况。其中,法案针对"太平洋威慑倡议"授权的资金为 71 亿美元(比国防部提出的预算要求增加了 21 亿美元),远高于其他区域性倡议;"欧洲威慑倡议"授权拨款 40 亿美元(比预算要求增加了约 5.7 亿美元),其中用于波罗的海安全合作的有 1.5 亿美元;"乌克兰安全援助倡议"授权拨款 3 亿美元(比预算要求增加了 5000 万美元)。其中,与"2021 财年国防授权法案"相比,FY2022 NDAA 最终授权给"太平洋威慑倡议"的资金总额大幅增长,2021 财年仅为 22 亿美元。由此也可以看出,拜登政府下一步的施力重点在印太地区。

1. FY2022 NDAA 关于与印太地区相关事项的条款涵盖内容情况

主要涉及:扩充和修订太平洋威慑倡议(PDI),重新调整国防部的部署,实现 PDI 目标,并在 2022 财年确定了约 71 亿美元的投资,用于支持和尝试改善美国军队在印太地区的当前态势、能力与活动情况；增加近 5 亿美元，用于美国印太司令部指挥官确定的未备资金需求；扩充和修订支持印度—太平洋海上安全倡议的权限；要求负责研究和工程的国防部副部长进行分析，比较美国和中国在某些关键军事相关技术上的研发情况；扩充和修改涉及中国的军事和安全发展年度报告；要求国防部长向国会提交一份报告，说明在危机情况下与中国建立更好的军事通信的可行性和可取性；要求总统制定针对中国的战略；等等。

2. FY2022 NDAA 关于美国对华大战略的条款情况

FY2022 NDAA 第 6511 节是关于美国对华大战略（即"中国战略"）的具体规定，阐明了美国关于中国的国家安全战略要点。其中的关注点包括：中国在印太地区和世界的军事、经济与政治战略，包括中国制定该战略的原因以及该战略对美国的长期利益、价值观等的影响；与中国地缘战略和地缘经济竞争相关的美国全球利益、价值观等；在与中国竞争的情况下，美国利用外交和经济政策、全球承诺和国防实力遏制其所谓的侵略性行为与实施美国国家安全战略的必要性；美国将如何行使其国家权力的政治、经济、军事、外交和其他要素，以保护或促进其利益与价值观以及目标等；在当前与中国博弈的形势下，美国政府执行国家安全战略的能力是否充分，包括评估平衡美国所有国家权力要素的能力，以及与中国等国家权力要素相比，美国所有国家权力要素的平衡情况如何；美国在全球对中国的战略假设和最终状态；以及总统认为有助于向国会通报与美国对中国的国家安全战略有关事项所需的其他信息等。

根据 FY2022 NDAA 提出的"中国战略"，还将设立**美国对华大战略咨询委员会**，召集来自私营部门、学术界和智库的外部专家，就中国战略的制定向总统提供建议，并确定该机构的职能是：审查美国关于中国的现行国家安全战略，包括假设、能力、战略和终极状态；分析与中国有关的美国国家安全战略，包括质疑其假设和方法，并就中国战略向总统提出建议；向相应的国会委员会提供关于其审查、评估和建议的机密简报等。

值得注意的是，该项中国战略是由美国参议员米特·罗姆尼(Mitt Romney)提出的一项修正案内容,要求总统制定一项宏大的战略来应对其所谓的中国对全球秩序构成的威胁,同时要加强美国抵御中国军事威胁的能力。罗姆尼是美国国会中态度鲜明的对华强硬派议员,其在 2021 年 10 月与当时被提名为美国驻华大使的尼古拉斯·伯恩斯(Nicholas Burns)交流时,就曾强调加强与美国的伙伴和盟友在打击中国方面合作的重要性,并强调美国的价值观是美国对华战略中最强有力的部分。后者已于美国当地时间 2021 年 12 月 16 日获得参议院批准正式担任美国驻华大使。

3. FY2022 NDAA 关于欧洲和俄罗斯联邦的条款规定

在针对中国的地缘布局上,重点还涉及欧洲地区和俄罗斯联邦。FY2022 NDAA 在俄罗斯相关事务上设置了 5 节内容,具体为:扩大美国和俄罗斯之间军事合作的限制;禁止将资金用于任何承认俄罗斯对克里米亚主权的活动;为"乌克兰安全援助倡议"增加 5000 万美元的资金,该倡议授权国防部长在得到国务卿同意的情况下,向乌克兰政府的军队和其他安全部队提供安全援助与情报支持。此外,这些资金中用于防御致命能力的支出至少为7500万美元;经国务卿同意,扩大国防部长的权限,为东欧国家提供多边或区域培训;关于俄罗斯针对军事联盟和伙伴关系的行动与战役的报告,尤其是在美国也是这些军事联盟和伙伴关系中一员的情况下。总体思路是借俄乌问题向俄罗斯施压,在中美俄三方之间形成微妙的制衡。

　　在欧洲及北约问题上,法案的规定主要涉及:国会关于北大西洋公约组织(NATO)盟友和伙伴国的意见;就美国在欧洲的投资情况发布报告,包括对"欧洲威慑倡议"的资助情况;为欧洲资本重组激励计划提供资金,并强调基于共同的安全挑战扩大合作的重要性;以及国会认为,美国应继续优先支持波罗的海国家爱沙尼亚、拉脱维亚和立陶宛在关键安全领域的建设与投资;等等。总体思路是夯实美国与欧洲各国在经济、外交、安全事务上的关联关系。

（三）旨在与中国竞争的先进科技领域的聚焦情况

1. 通过供应链安全管理的思路将相关理念贯穿其中

（1）通过采办管理实施准入限制

"2022财年国防授权法案"的另一个重点是关于人事/国防和采办管理的内容,如针对新兴技术收购的快速跟踪,国防部将建立一个试点项目,重点开发和实施新兴技术独特的采办机制,以加快新兴技术向采办项目或作战用途的过渡。根据该法案的文本,试点项目将包括4个新项目,涉及进攻性导弹、天基作战系统、人员和生活质量改善以及能源生产与储存等领域。此外,第851节规定对国防部采购来自中国、朝鲜、俄罗斯和伊朗的印刷电路板的限制延续至2027年1月。需要指出的是,该法案在定义界定中,将"新兴技术"界定为由国防部部长和国家情报局局长共同确定处于新兴发展阶段的技术,包括量子信息科学与技术、数据分析、人工智能、自动技术、先进材料、软件、高性能计算、机器人技术、定向能、高超音速、生物技术、医疗技术,以及其他技术。因此可以预见,今后在涉及上述技术领域的限制措施将进一步加严。

(2)以人权问题实施供应链管控

该法案的最终版本中提及"人权"问题 50 次,与"2021 财年国防授权法案"基本持平,表明拜登政府以人权为由在供应链方面的动作将持续加码。其中,第 848 节是中国新疆地区供应链问题,即对所谓的"新疆地区强迫劳动产品"的限制/禁止准入。2021 年 12 月 23 日,美国总统拜登签署"维吾尔强迫劳动预防法"为正式法律(公法 117-178),是拜登政府就任以来直接针对我国新疆地区人权问题的首部正式立法。该法将禁止从中国新疆地区进口所有产品,除非美国政府确定这些产品不是由强迫劳动制造的。其暗含的假设前提是来自新疆地区的商品是用强迫劳动制造的。因此企业必须证明,在产品被允许进入美国之前,包括从新疆地区转移过来的工人在内的强迫劳动并没有用于制造产品。

（3）加大美国国内研发投入提升竞争实力

FY2022 NDAA 通过增加研发资金加强供应链,夯实美国工业基础,其中用于新兴技术的资金近 1170 亿美元,包括对国家微电子网络的资助、针对关键矿物替代品的研发资助等。最终文本中,针对研发的资金授权比总统的预算要求增加了 59 亿美元,包括国防基础研究、应用研究和先进技术开发研究增长了近 25％。总体思路体现为:国会对加速采用新兴技术的浓厚兴趣,以及推进特定的技术类别(包括量子计算、微电子学和生物技术等),简化国防部与校外研究人员之间的合作等。其中,在与中国的合作方面,FY2022 NDAA 第 735 节禁止国防部向非营利公共卫生研究组织生态健康联盟提供的任何资金"在中国用于中国政府支持的研究",除非国防部部长提供豁免。该节禁止为与中国有关的研究提供资金。需要提醒的是,众议院最初提议所涉及的禁止范围更大,即禁止国防部向生态健康联盟提供任何资金,以及禁止国防部的任何资金用于在中国进行的研究或支持中国政府控制的实体进行的研究。

2. 网络安全仍是此次国防授权法的主要内容

网络安全问题在过去几年一直是国防授权法的重点关注事项之一。FY2022 NDAA 第 15 章关于网络空间相关事项的内容中就有近 40 个网络安全相关条款。但 FY2022 NDAA 中并未纳入众议院早期版本中关于强制性违规通知的法案,即要求承包商在严格的时间表内报告网络违规行为。

最终文本与网络安全相关的规定包括:要求国防部首席信息官和美国网络司令部司令共同制定"零信任战略"(第 1528 节);网络安全基础设施和安全局(CISA)权限的扩充,以确定对工业控制系统的威胁(第 1541 节);制订国家网络事件响应计划(第 1547 节);扩展与关键基础设施相关的网络风险监控试点计划(第 1548 节);国防部网络安全成熟度模型认证(CMMC)计划对小企业的成本影响评估(第 866 节);以及向国会提交一份关于国防部 CMMC 计划的报告(第 1533 节);等等。主要思路是明确供应链风险,并评估对手、评估国防部的网络治理情况(涉及开展军事网络空间作战和信息网络、工业控制系统、武器系统的作战及相关平台等)。此外,美国国防部已发布其网络安全评估机制 2.2 版,以推进 CMMC 规则的制定和实施。

3.其他新兴及先进技术领域的规定情况

(1)人工智能(AI)、机器学习和创新技术:强调国会持续支持从商业供应商处获得 AI 解决方案,授权对人工智能的新投资,为国防部新的人工智能和数据加速(ADA)计划提供 5700 万美元;要求国防部修改其以人工智能为重点的联合共同基金计划,即基于云的人工智能开发和实验平台,由国防部联合人工智能中心(JAIC)管理;授权国防部扩大国防创新部门(DIU)的行动(第 213 节);要求国防部采取必要行动"最大限度地增加有资格向国防部提供支持的商业人工智能公司的数量",并根据《国防采办条例》(FAR)第 12 部分使用商业项目承包流程指导国防部评估人工智能和数字技术在国防部平台、流程与作战中的潜在应用(第 226 节);要求国防部向国会提交关于国防部执行国家人工智能安全委员会(NSCAI)建议的报告和简报(第 247 节),NSCAI 曾在

2021 年 3 月向国会和总统呼吁对相关立法与政策作出改变,作为全面的国防和国家安全战略的一部分,"赢得人工智能时代";等等。

(2)下一代信息通信技术(5G):主要体现在第 233 节(部署电信基础设施以促进军事设施 5G 部署的试点计划)。

(3)量子技术:主要涉及两用量子技术、量子信息科学与技术。国防部的任务是"建立一套活动,以加速两用量子能力的开发和部署",并通过国防高级研究计划局(DARPA)向一个或多个组织提供资金(第 229 节);尽管 FY2022 NDAA 建议拨款 1 亿美元,但参议院仍特别提议为 DARPA 的量子计算活动预算额外拨款 6000 万美元。

(4)其他技术:在生物技术领域,根据 FY2022 NDAA 成立的"新兴生物技术国家安全委员会",负责审查该领域的进展以及相关威胁和政策问题,并就美国可以采取的措施提出建议。该委员会紧随国家人工智能安全委员会之后,于 2022 年发布了报告。在微电子研发领域,国会指示国防部选择"两个或多个实体"开展 CHIPS 法授权的国家微电子研发网络活动。在定向能领域,FY2022

NDAA 指示国防部将用于高超音速和弹道导弹防御的定向能系统的权力委托给导弹防御局,并指出此类系统的工作应优先考虑早期研发。在关键矿物领域,国防部被指示与一所或多所大学合作启动一个为期一年的项目,演示从酸性矿井排水和其他煤炭副产品中回收稀土元素的技术。

为支持上述技术的研发与应用,FY2022 NDAA 还对各类奖学金项目、教育项目、实验室项目等作出修订,全面支持美国在制造业领域的人才培养。另外,在技术领域,FY2022 NDAA 还聚焦于气候问题、环境问题、核问题等领域,涉及第 331—335 节、第 3111 节、第 3114 节、第 3140 节和第 3141 节等。

三、结　语

美国法典第 10 编第 A 分编"一般军事法"第 1 部分"组织和一般军事权力"——第 2 章国防部,规定了每个财年的国防授权法。该法是作为一个系列美国联邦法律的名称,明确了美国国防部的年度预算和支出。首个"国防授权法案"(NDAA)于 1961 年通过。美国国会主要通过两个年度法案来监督国防预算,即"国防授权法案"和"拨款法案"。

美国每个财年的"国防授权法案"聚焦的是美国国防部的年度预算和支出,其中会涉及美国下一财年的战略布局与重点技术发展方向等。例如,"太平洋威慑倡议"首次出现在"2021 财年国防授权法案"中,表明特朗普执政时期在与中国的"关税战"之后,开始转向依托于技术/工业基础的地缘布局,且从资金授权情况看,拜登政府更具针对性。此外,"国防授权法案"往往会纳入关于采购、投资等的重要条款,如"2019 财年国防授权法案"第 889 节关于禁止采购部分电信设备和服务的规定,"2021 财年国防授权法案"第 1260H 节关于中国军事公司的规定①,等等。同样,在"2022 财年国防授权法案"中,有:第 6106 节规定打击非法融资的内容,涉及对 FY2021 NDAA 第 6214(b)节的修订;在第 6509 节关于与东南亚和东盟接触的战略中就规定了美国政府为提高东南亚国家在执行

---

① 关于中国军事公司的规定首次出现在"1999 财年国防授权法案"第 1237 节。

国际法与多边制裁方面的能力而采取相关行动的内容，需引起注意。

从美国"2022财年国防授权法案"的内容规定上看：区域方面主要是以中国为中心的地缘布局规划；技术层面主要涉及对内夯实制造能力、对外限制产品准入两个方面。另外，还涉及总统部分职能的澄清。2021年12月27日，白宫发布的一份关于签署该法的总统声明[1]，主要涉及机密/敏感信息的披露问题，以及外交表决权问题。具体为：(1)该法的一些条款，包括第1048节、第1213(b)节、第1217节和第1227(a)(1)节，将有效要求执行部门和机构向相关委员会提交报告，报告通常会包含高度敏感的机密信息，包括可能透露关键情报来源或军事行动计划的信息。《宪法》赋予总统权力，禁止披露此类高度敏感信息，以履行其保护国家安全的责任。(2)该法第6103(a)节和第6503(b)节将指导行政部门如何与国际组织进行讨论或在国际组织内进行表决。这意味着，并非只有总统才能决定国家外交政策的全部内容。

---

[1]　https://www.whitehouse.gov/briefing-room/statements-releases/2021/12/27/statement-by-the-president-on-s-1605-the-national-defense-authorization-act-for-fiscal-year-2022/.

美日联合遏制中国 5G 发展的趋势①

近期，美国国家亚洲研究局刊发《赢得与中国的 5G 技术竞赛：美日合作阻绊竞争、快速发展、解决问题的制胜策略》报告。报告从 5G 竞赛和竞争的视角切入，全面展现了近年来美日两国联合遏制中国 5G 技术发展的战略背景、目标与计划，提出了一套涵盖技术、市场、人才、金融等方面的遏制中国 5G 发展的措施和建议。

---

① https://www. nbr. org/publication/winning-the-5g-race-with-china-a-u-s-japan-strategy-to-trip-the-competition-run-faster-and-put-the-fix-in/.

一、5G 竞赛与竞争①

　　报告指出,信息通信技术(ICT)对经济安全和国家安全至关重要,随着信息通信技术的竞争日益加剧,行业人士将先进无线通信技术的市场竞争描述为"5G 竞赛"。鉴于世界上许多发展中国家仍在使用或部署 2G、3G 和 4G 系统,也有很多人对"竞赛"的说法提出了异议。报告指出,采用"竞赛"的说法旨在强调竞争性和紧迫性,同时提醒决策者应该警惕那些可能被"竞赛"所掩盖的竞争。5G 作为一种新型移动通信网络,不仅要解决人与人之间的通信问题,为用户提供增强现实、虚拟现实、超高清(3D)视频等更加身临其境的极致业务体验,还要解决人与物、物与物之间的通信问题,满足移动医疗、车联网、智能家居、工业控制、环境监测等物联网

---

　　① 第五代移动通信技术(5th Generation Mobile Communication Technology,简称5G)是具有高速率、低时延和大连接特点的新一代宽带移动通信技术,是实现人机物互联的网络基础设施。国际电信联盟(ITU)定义了 5G 的三大应用场景,即增强移动宽带(eMBB)、超高可靠低时延通信(uRLLC)和海量机器类通信(mMTC)。

应用需求。5G 将通过连接更多的设备，实现人工智能、自动驾驶汽车、物理系统的实时远程操作和物联网的扩展，产生广泛的社会经济影响。

　　报告指出，中国企业华为和中兴在全球 5G 技术专利方面分别排名第一与第三，它们旨在垄断关键技术，以主导未来的 ICT 市场。在 5G 领域，华为和中兴活跃在核心网络与 RAN 领域，华为和小米是中国领先的智能手机 ICT 企业。报告指出，中国 5G 供应商的生产设备严重依赖从国外采购半导体，尽管中国目前已经投资数十亿美元发展国内半导体产业，但迄今为止只能逐步开发芯片组。报告进一步抹黑中国企业，认为中国的 5G 企业试图通过窃取知识产权（IP）来削弱外国竞争对手，并通过多边机构推广中国的技术标准。由于不公平的经济做法，中国 ICT 技术的价格颇具吸引力，例如对 ICT 企业的生产成本进行大量补贴，以及中国银行向外国客户提供优惠贷款，使此类贷款比其他贷款利率低出 70％。鉴于此，报告提出美日需要联合阻碍中国的 5G 发展。

二、遏制中国 5G 发展的行动

(一)减缓中国 5G 企业的全球获益进程,为美日企业的发展提供时间

报告建议,阻止中国主导 5G 的第一步是尽可能降低甚至收回这些公司的收益,同时为美国、日本和欧洲的供应商提供时间,以发展替代技术。如果必要,通过整合或引入更多投资者来巩固这些企业的财政状况。美国和日本有 4 种经济措施工具可以做到这一点:(1)将中国 ICT 企业驱逐出美国和日本市场;(2)限制这些公司获得必要的技术组件;(3)限制这些公司接触美国和日本的人才;(4)确保中国 ICT 企业不能利用美国或日本的资本市场进行融资。

1. 美国的行动和举措

过去几年,美国越来越多地限制中国企业投资和收购涉及国家安全的技术公司,并最终通过了 2018 年《外国投资风险审查现代化法案》,以增强美国外国投资委员会(CFIUS)的审查权限。事实上,美国近年来阻止外国投资者投资美国科技公司最引人注目的案例均与中国有关,其中包括:2016 年,CFIUS 支持德国企业 Aixtron 取消向中国福建大型芯片投资基金的出售;2017 年,时任美国总统特朗普阻止中国私募基金 Canyon Bridge Capital Partners 收购莱迪思半导体;2018 年,特朗普因担心新加坡博通与华为的关系,阻止了高通向博通的出售①。

随着美国商务部和国防部将中国 ICT 企业排除在美国之外,美国国务院于 2020 年启动了"清洁网络倡议",并一直敦促美国的盟友和合作伙伴将华为与其他中国 ICT 企业从其 5G 网络中移除。拜登政府负责国家安全技术政策审查的主要官员表示,他们将支持继续实施这

---

① Kate O'Keeffe,"Trump Orders Broadcom to Cease Attempt to Buy Qualcomm," *Wall Street Journal*,March 13,2018.

种竞争性政策,并对其进行改进。除了将中国的主要ICT 企业驱逐出主要市场外,美国的政策还试图切断华为、中兴和其他可疑中国企业采购生产先进 ICT 产品所需关键部件的能力,其中最为关键的领域为半导体领域,中国每年进口芯片超过 3000 亿美元①。美国还对包括美国知识产权在内的基本设备和工具的出口实施了限制。例如,美国政府向荷兰 ASML 公司施压,要求其取消对中国出口用于先进芯片制造的极紫外光刻技术。这种制裁和技术中断施压将成为增加中国 ICT 企业成本的有效战略。

2. 日本的举措

日本政府采取措施,禁止华为和中兴获得政府合同。日本前首相安倍晋三表示,"确保我们不会购买具有恶意功能的设备非常重要"。在 5G 频谱分配之后,日本政府还附加了事实上排除中国企业与日本移动通信企业合同

① EamonBarrett,"China Will Spend \$ 300 Billion on Semiconductor Imports as U. S. Squeezes Chip Supply," Fortune, August 27,2020. https://fortune. com/2020/08/27/china-semiconductor-chipimports-us-ban-huawei.

竞争的条件。日本总务省在其 5G 频谱分配指南中规定的条件之一就是,要求符合条件的公司承诺采取适当的网络安全措施,包括降低与供应链相关的风险。由于移动网络运营商要想获得 5G 频谱,就必须遵守日本总务省的指导方针,因此,对日本移动电话公司的实际影响就是将中国 ICT 企业排除在其网络之外。此外,日本国家安保室事务总长北村茂为阻止中国的技术主导权以及应对中国的竞争,加快与美国合作,于 2020 年 4 月 1 日在国家安保室设立了经济科。该经济科的宗旨是,完善与日本国家安全相关的经济法规,防止 5G 知识产权盗窃,并防范中国华为参与 5G 网络[①]。

2020 年 5 月,日本政府修订了外国投资法规,对外国人购买被认为对国家安全至关重要的公司的股票实施了更严格的审查。日本政府不顾金融机构的反对,降低了买卖双方在交易前通知政府的门槛,将外资购买日本制造两用技术或关键基础设施(包括电信)公司的股份申报门槛从 10％降至 1％。

---

① Brad Glosserman,"NSC Challenge Prepares Japan for New Global Realities," JapanTimes,April 1, 2020. https://www. japantimes. co. jp/opinion/2020/04/01/commentary/japan-commentary/nsc-change-prepares-japan-new-global-realities.

(二)建立可信的 5G 替代方案与中国竞争

1.美日推动 6G 发展

近年来,美国两国开始探索加强 5G 合作的方式,同时将更多注意力转向 6G 信息通信技术的发展,并促进供应商多元化。

2020 年 9 月,在关于互联网经济的美日政策合作对话上,美国和日本不仅同意继续在"5G 网络安全国际论坛"上加强协调,制定开放和互操作网络的原则,还将加强超越 5G(6G)技术的合作,包括研究、开发和国际标准的制定。为了在这一领域进行有效合作,两国面临着协调 6G 定义和组件技术的挑战,同时还将推动建设可靠的 5G 网络,作为通往 6G 未来的桥梁。

在 2020 年 6 月发布的《超越 5G 推广战略》(*Beyond 5G Promotion Strategy*)文件中,日本政府表示有意支持 6G 技术的研发和标准化,预计将在 21 世纪 30 年代前后推出。日本政府的目标是在 2025 年大阪世博会上推出首批先进的 6G 技术。为了实现这一目标，日本内政和通信部于 2020 年 12 月 18 日启动了一个"超越 5G 促进联盟"，通过支持示范项目和举办国际会议分享最佳实践，促进 6G 研发领域的公私合作。此外，还成立了"超越 5G 新商业战略中心"，以加速获取知识产权，并在行业、学术界和政府之间传播全球 6G 标准。2020 年 12 月，日本政府拨款 500 亿日元（约合 4.83 亿美元）用于 6G 研发。其中，300 亿日元将通过日本国立信息通信技术研究院（NICT）设立新基金，用于支援民间企业和大学的 6G 研发。其余 200 亿日元将用于建设尖端测试设施，供企业用于 6G 研发。

美国政府也表示了对 6G 技术的兴趣，并对国际合作持开放态度。2020 年 3 月 23 日，国会通过了《安全 5G 和超越法案》，要求总统制定一项战略，以（1）确保美国境内 5G 无线通信系统和基础设施的安全；（2）协助共同防御盟友、战略伙伴和其他国家最大限度地保障 5G 系统与基础设施的安全；（3）保护美国企业的竞争力、美国消费者

的隐私以及标准制定机构的诚信①。此外,于 2021 年 1
月生效的"2021 财年国防授权法案"第 9202 条为财政部
设立公共无线供应链创新基金提供资金,并为多边电信
安全基金拨款。

2.美日在更大的范围内制定支持和推广可信 5G 技术的战略

美国和日本将联合其他"志同道合"的伙伴,其中最
重要的是欧盟、印度、韩国和英国,制定支持和推广可信
5G 技术的战略。日本经济产业省、财务省和美国财政部
于 2020 年 2 月签署《关于加强能源和基础设施融资及市
场建设的合作备忘录》,体现了为应对中国 5G 技术的发
展而建立的美日伙伴关系。在该文件中,双方确认了进
一步推动印太地区能源、基础设施融资和市场建设合作
的意愿。此外,日本还率先加强了对东南亚国家联盟
(ASEAN)成员国的基础设施融资。2020 年 4 月,日本经
济产业省大臣梶山弘志和越南工业贸易部部长陈端安

---

① U. S. Congress,Senate,Secure 5G and Beyond Act of 2020,S. 893,116th Cong.
March 23,2020. https://www. congress. gov/bill/116th-congress/senate-bill/893.

(Tran Tuan Anh)（代表 2020 年东盟主席）就促进经济韧性的倡议发表了一份联合声明。日本是东盟第二大外国直接投资来源国和第四大贸易伙伴国。两位部长重申了建立弹性供应链的目标，这将使企业在风险管理和成本竞争力之间实现更好的平衡，并承诺东盟与日本将利用数字技术促进生产基础的升级和多样化。

（三）对主要市场和机构进行调整

报告指出，为了应对中国 5G 信息通信技术企业的威胁，更重要的是，美国和日本要将中国 5G 技术从其国内网络中移除，并限制中国企业获得关键投入，同时建立和促进可信的替代方案。然而，这些步骤仍不足以构成一个完整的战略。竞争性应对措施的最后一步包括调整市场结构，吸引合作伙伴采取类似的做法，执行保护用户数据的国际准则，同时保护国家安全不受中国公司的威胁。报告称，中国 ICT 企业从厂商"锁定"中受益颇多，这种锁定发生在各国采用其专有的、特定供应商的（"黑箱"）产品后，使得寻找替代产品的成本高且难度大。日本在促进供应商多样性方面走在了全球的前列,它倡导对 ICT 的开放标准方法(O-RAN,通常被称为开放无线接入网络),并倡导更虚拟化的网络技术。O-RAN 允许各种公司的软件参与 5G 网络,并承诺降低全部投资成本和运营成本。这在很大程度上是通过部署通用的、厂商中立的("白箱")设备或具有开放标准接口的专有硬件来实现的,从而实现了更多样化的 5G 技术供应商生态系统。此外,近年来,计算能力的进步使更多的网络功能可以通过部署在通用系统上的软件"虚拟"地执行。这种更广泛的虚拟化趋势也有助于减少厂商的"锁定"。O-RAN 结合虚拟网络技术,为 5G 消费者提供了在初始投资后重新选择供应商的能力,这种方法将破坏中国无线设备供应商目前积极采用的模式。

报告更进一步指出,美国和日本需要继续与盟友和伙伴合作,推动采用安全可靠的 O-RAN 标准和虚拟化技术,并与中国的 ICT 企业竞争。同时,还需要增强在多边机构和组织中的影响力。如果美国和日本想在 5G 领域与中国展开有效竞争,就需要制定自己的国家技术战略,并通过将这些战略纳入共享政策进行协调,从而吸引更多的合作伙伴,共同建立"自由"的 ICT 规范。

三、结　语

报告最后指出,最有可能成功与中国竞争的方法需要美国和日本在以下方面开展合作:(1)将中国 5G 企业驱逐出美国和日本市场,同时限制其获得进口技术、人才与融资;(2)建立更多有活力的企业并通过相关政策举措支持这些企业,在全球范围内与中国华为和中兴竞争;(3)推动市场重组,在志同道合的国家之间推进 ICT 设备的共同规范,并将此类变革转变为国际标准。因此,未来需要动态跟踪美日遏制中国 5G 发展方面的举措,并重点跟踪以下两个方面。

1.美国在无线标准制定方面的立法和动态需高度关注

2021 年 4 月,美国联邦通信委员会宣布将重组通信安全、可靠性和互操作性委员会,将"改善 5G 网络安全性"作为工作重点。5月5日,美国国会众议院5G核心小组领导人再次提出一项关于无线标准制定的法案,称这将有助于美国对抗中国和俄罗斯等国际竞争对手,以保护美国的国家安全、全球竞争力与无线通信的成本效益。5月12日,美国国家情报总监办公室(ODNI)、美国国家安全局(NSA)、网络安全基础设施和安全局(CISA)联合发布《5G基础设施潜在威胁载体》的文件,为评估5G基础设施的网络安全风险,将5G网络建设及应用过程中的主要威胁载体归为政策与标准、供应链和系统架构,列举了三类威胁载体的具体表现及设想的威胁场景。迄今为止,提交至第117届国会的关于无线网络方面的立法提案已有38项,包括2月15日提出的"赢得国际经济领导力竞赛并扩大服务以支持领导力的法案"(WIRELESS Leadership Act,H. R. 1060),其中规定了关于相关工程项目的标准。此外,在参议院外交关系委员会4月21日通过的"2021战略竞争法案"(S. 1169)第209节也就美国在标准制定机构的领导地位问题做出了规定。

2.美国、日本等在相关国家（地区）正在推动的关键项目

包括美国国务院与日本和澳大利亚政府部门合作，启动了开发性金融蓝点网络。美国国际开发金融公司制定了"2018 年更好地利用国际开发贷款（BUILD）法"，以替代中国的基础设施出口补贴。美国进出口银行提出了一项关于中国和转型出口的新项目倡议，以帮助美国在 11 项关键战略技术和服务方面与中国竞争，其中就包括 5G 无线通信设备。

日本的科技创新政策体系

伴随着 1995 年《科学技术基本法》的出台，日本正式确立了夯实基础研究的路线。随着 2001 年日本完成政府机构改革，基于《科学技术基本法》不仅确立了作为科技创新体系"金字塔"的综合科学技术创新会议（CSTI），而且通过迄今为止发布的 6 期"科学技术基本计划"，日本实施了长期、系统且连贯的科技政策。此外，为落实"科学技术基本计划"，日本多个部门推出了多项重要的创新行动方案与计划。

一、日本的科技机构改革聚焦于夯实基础研究，并建立作为科技创新体系"金字塔"的综合科学技术创新会议

20 世纪 90 年代以前，日本呈现出"发展国家型"行政体制，其最大特点在于日本想要追赶欧美先进国家，从而导致其科技政策的核心目标是"追赶"欧美先进国家的技术。到了 90 年代，由于美国等国家积极发展先端科技，在激烈的竞争环境下，日本逐渐意识到，只依靠引进技术或是模仿技术将无法使日本在日新月异、发展迅速的新科技领域拥有更强的能力和竞争力，而应该厚植基础性与全球竞争性的科研能力。1995 年，日本政府公布《科学技术基本法》，正式确立日本将夯实基础研究的路线①。而 1996 年启动并于 2001 年完成的政府机构改革，重新设计了日本科技行政组织与科技政策

---

① 日本经济产业省，我が国の产业技术に关する研究开发活动の动向，2021 年 1 月，https://www.meti.go.jp/policy/economy/gijutsu_kakushin/tech_research/shiryou.pdf.

决策体制,同时也是为了实现上述目标而进行的组织调整。

2001 年,日本完成政府机构改革,在《科学技术基本法》附带决议中,要求针对"科学技术基本计划"的策划制订,扩大科学技术会议的职能和权责,在提出总体性科技政策并推动执行的同时,强化各部门所辖科技研发机构的相互协作。因此,以"综合科学技术会议"(CSIP)取代"科学技术会议",并于 2014 年 5 月正式更名为"综合科学技术创新会议"(CSTI)。

"综合科学技术创新会议"是日本政府最重要的政策会议之一,负责总体科技政策的规划,是日本科技创新体系的"金字塔"。会议主席为日本首相,成员包括首相、科技政策大臣、总务大臣、财务大臣、文部科学大臣和经济产业大臣以及日本学术会议议长,除此之外,还另选聘 7 位社会人士作为成员。

原则上,"综合科学技术创新会议"每个月召开 1 次,并由首相主持会议,针对国家科技相关政务进行调查审议。主要任务包括:(1)应首相的咨询,制定总体性科技振兴基本政策,科技相关预算、人才等资源分配方针和其他科技振兴相关的重要事项,以及为促进研究开发成果的转化,制定与创建创新的总体环境相关的调查审议;(2)科技相关大规模研发和其他国家重要研发评价等事项;(3)关于(1)、(2)项,在必要时向首相陈述意见等。

为了能够及时响应国家与社会议题,"综合科学技术创新会议"致力于:制定科技总体战略,并重视其他相关社会变迁的议题;同时,为回应首相的咨询,自发性地提出国家科技政策等议题。在"综合科学技术创新会议"下,设立了多个专业调查会,如基本计划专业调查会、科学技术创新政策推进专业调查会、重要课题专业调查会、评估专业调查会以及生命伦理专业调查会。因此,"综合科学技术创新会议"在日本总体科技政策战略制定方面,具有策略性与适时性、总体性与自发性的特征,会议通过横向整合以强化各部门间的协调、避免资源重复投资,并凝聚国家整体的科技发展目标①。

---

① 日本国立研究开发法人科学技术振兴机构,日本の科学技术イノベーション政策の变迁,2021 年 4 月,https://www.jst.go.jp/crds/pdf/2020/FR/CRDS-FY2020-FR-06.pdf.

二、通过发布"科学技术基本计划"，
实施长期、系统且连贯的科技政策

日本科技政策的推动是以《科学技术基本法》为根本的，其中第九条明确规定：为综合性、有计划地推动振兴科学技术的相关政策措施，政府应制订"科学技术基本计划"。"科学技术基本计划"是推动日本科技发展的政策，是科技研发政策的总体方针。为了能够切实执行基本计划，《科学技术基本法》的附带决议要求基本计划需要以未来 10 年为基础，制订 5 年一期的基本计划。

伴随着 1995 年《科学技术基本法》的正式通过，日本政府于 1996 年制定了 5 年一期的"科学技术基本计划"，开始实施长期、系统、连贯的科技政策。截至目前，日本的"科学技术基本计划"已实施至第六期①。

---

① 日本文部科学省，「科学技術基本計画」について，http://www.mext.go.jp/b_menu/shingi/kagaku/kihonkei/kihonkei.htm.

1996 年制订的第一期"科学技术基本计划"(1996—2000 年),由于《科学技术基本法》于 1995 年发布,第一期计划制订的时间相当紧迫,科技发展的推动需要延续性与必要性,因此,第一期计划就以 1992 年所制订的科学技术政策大纲为基础,就推动研发综合方针,强调"适应社会经济需求而大力推动研发活动"和"积极振兴基础研究"。第一期计划并未具体列出优先施政的科技领域,重点是建立新的研究开发体系而推进制度变革,包括:通过引入任期制等,提高研究人员的流动性,提高研究开发的活跃度;实现博士后达到 1 万人的目标,并扩充研究支持者的队伍;通过促进共同研究,进一步活跃政产学交流;实施严格的评价制度;等等。

2001 年制订的第二期"科学技术基本计划"(2001—2005 年),通过科技发展目标、知识基础、研究体系和产业技术 4 个小组的研究,提出四大优先推动领域:(1)生命科学领域,致力于疾病的防治、医疗及食品问题的解决;(2)信息通信领域,构筑高度的信息通信社会、扩大高技术产业;(3)环境领域,确保人类健康及生活环境、维持人类生存的基础设施所不可缺少的领域;(4)纳米工程材料领域。此外,还确定了能源、制造技术、社会基础、先端技术四大重点推动领域。以上统称为八大重点领域。

2006 年制订的第三期"科学技术基本计划"(2006—2010 年),由文部科学省科学技术政策研究所对 1992 年以来的科技施政成果进行总盘点,提交给基本政策专业调查会进行讨论并研拟草案,再送交综合科学技术会议进行决议。依据第二期基本计划中的八大重点领域再细分重点推进项目,就各领域选定重要的研发主题,作为"策略性重点科技"项目进行推动。此外,还有:为强化大学的竞争力,设立 30 个世界领先的研究据点;为加强创新体制,力求形成有产业界参与的先端性融合领域的研究据点。

2011 年制订的第四期"科学技术基本计划"(2011—2015 年),把以环境、能源为对象的"绿色创新"和以医疗、护理、健康为对象的"生命创新"作为日本经济的两大增长支柱。由于在规划最后阶段发生了"3·11"日本东北部大地震,第四期基本计划因而产生重大转变,将原本第二期和第三期基本计划确立重点领域的研究开发主

题与可优先提供研发资源分配的推动方式,大幅转变为
"课题解决型"的推动方式,同时强化基础研究与人才培
养,建立"政产学"合作平台,强化"政产学"知识网络,
等等。

2016 年制订的第五期"科学技术基本计划"(2016—
2020 年),其背景是信息通信技术(ICT)快速发展,日本
社会经济结构进入日新月异的大变革时代,因此,所研
议的政策重点是以四大支柱为核心的:(1)致力于未来
产业的创造和社会改革,使国家的科学技术能引领新时
代;(2)优先解决经济、社会面临的课题;(3)强化基础研
究能力,并提升科学技术创新的实力;(4)构建人才、知
识、资金等良性循环的体系。第五期基本计划的发展重
点是强力推动科技创新政策,以实现"社会 5.0"(Society
5.0)。

2020 年,日本政府时隔 25 年对其《科学技术基本
法》进行了修订,并将该法更名为《科学技术创新基本
法》。2021 年 3 月,日本内阁会议审议通过了"科学技
术创新基本计划(2021—2025 年)",这是日本政府制订
的第六期科学技术基本计划。为了凸显创新对当今时

代发展的重要性,日本政府将第六期科学技术基本计划命名为"科学技术创新基本计划",而不再沿用前五期"科学技术基本计划"这一名称。日本"科学技术创新基本计划(2021—2025 年)"的核心内容是"如何通过科技创新政策实现'社会 5.0'"(见表 1)。计划指出,实现社会 5.0 的必要因素有三个:一是通过网络空间和物理空间的融合,变革为可持续的强韧性社会;二是创造多样化的知识,设计新型社会,创造新价值;三是培养支撑新型社会所需的人才。日本希望最终实现"综合性知识引发的社会变革"与"知识和人才投资"的良性循环。此外,在参考社会各界的意见后,规划了未来 5 年日本科技研发的重点领域,包括人工智能(AI)技术、生物技术、量子技术、材料科学、医疗健康、航天、海洋、环境、能源、食品、农林水产等。其中,又以材料科学、生物技术与量子技术为关键领域①。

---

① 日本内阁府,科学技术基本计划,https://www8.cao.go.jp/cstp/kihonkeikaku/index5.html.

表 1　日本科学技术基本计划的主要内容(第一至六期)

第一期 (1996—2000 年)	第二期 (2001—2005 年) 第三期 (2006—2010 年)	第四期 (2011—2015 年)	第五期 (2016—2020 年)	第六期 (2021—2025 年)
构筑新的研发体系:扩充竞争性研究资金;培养超 1 万名博士后;促进政产学的人才交流;实施科技评价制度 第一期基本计划政府支出总额目标为 17 万亿日元(实际为 17.6 万亿日元)	基本理念: 创造新的知识、通过知识创造经济活力;通过知识创造丰富的社会 政策支柱: 1. 确定战略重点:推进基础研究、确定重点研发领域; 2. 改革科技研发体系:实现竞争性研究资金的倍增;强化政产学的合作机制 第二期计划政府经费总额目标为 24 万亿日元(实际为 21.1 万亿日元) 第三期计划政府支出总额目标为 25 万亿日元(实际为 21.7 万亿日元)	基本方针: 推动科技创新一体化的发展、重视人才培养以及人才培养机构的作用、实现与社会共同创造的科技政策 震后复兴: 确定特定领域以及任务的优先级;加强基础研究和人才培养;建立彻底的 PDCA 循环(计划(plan)、执行(do)、检查(check)、处理(action))和行动计划的改革等 第四期计划政府支出总额目标为 25 万亿日元	四大支柱: 1. 未来的工业创造和社会变革:实现"社会 5.0" 2. 应对经济和社会问题:努力解决基础设施和资源等的重要政策挑战 3. 加强基础能力:青年女性的培训和晋升、大学改革、研发经费改革 4. 实现人才、知识、资金的良性循环:推动开放式创新、培育新企业、区域振兴 第五期计划政府支出总额目标为 26 万亿日元	与社会未来景象的联动 + 实现"社会 5.0" 潮流:颠覆性创新给经济和社会带来的影响;强调以人为本/可持续性、多样性/包容性 目标:"确保可持续性""确保韧性""实现经济发展与物质的丰富性""提高在国际社会的存在感" 第六期计划政府支出总额目标为 30 万亿日元

三、与时俱进,夯实产业基础,出台
重要的创新行动方案与计划

近年来,日本各部门为落实"科学技术基本计划",不断夯实产业基础,同时推动科技创新,提升产业竞争力,推出了很多实践效果非常好的重要技术创新行动方案与计划。

(一)创新 25

日本安倍政府于 2006 年新设"创新担当大臣"职位,并在内阁府设置"创新 25 特命室",同时设立"创新 25 战略会议",作为规划日本长期创新战略与政策的主要组织,提出将"创新 25"(Innovation 25)作为创新的长期发展战略①。

2007年6月1日,日本内阁会议正式审议通过《长期战略方针"创新25"》并付诸实施。同时,还设立由首相担任总部长、相关大臣及有识之士组成的"创新推进总部",切实推进"创新25"制定的各项创新政策。

"创新25"为日本"科技创新立国"制订了具体的政策路线图,包括"社会系统的改革战略"和"技术创新战略路线图"两部分。"社会系统的改革战略"提出了亟待解决的课题和中长期需要解决的课题,其中亟待解决的课题有五大方面:(1)改善社会环境、促进创新;(2)充实和强化对下一代的投资;(3)大学改革;(4)通过日本在环境及能源等领域的科技实力,为日本经济增长和世界发展繁荣做出贡献;(5)促进国民意识改革。"技术创新战略路线图"主要包括4个方面的内容:(1)推进加速创新回馈社会的项目;(2)推进分领域的战略性研究开发;(3)推进作为创新种子的多样性基础研究;(4)强化承担创新的研究开发体制。同时,该战略还决定设立由首相担任总部长、相关大臣及有识之士组成的"创新推进总

① https://japan.kantei.go.jp/innovation/index_e.html.

部",切实推进《长期战略方针"创新 25"》制定的各项创新政策。

(二)"战略性创新推进计划"

2013 年,日本政府启动了名为"战略性创新推进计划"(SIP)的项目,这也是近年来日本政府推出的最重要的推进关键技术研发的项目①。SIP 由日本内阁府直接负责,在"综合科学技术会议"重组为日本"综合科学技术创新会议"之后,由后者直接管理。SIP 的预算来源主要来自包括内阁府在内的 10 个部门,包括:内阁府、警察厅、总务省、厚生劳动省、财务省、文部科学省、农林水产省、经济产业省、国土交通省及环境省。各部门分别划拨科学技术振兴费的 4%,共同列入内阁府"科学技术创新创造推进费",每年约 500 亿日元。

2014 年,日本 CSTI 公布了 SIP 的第一期项目计划,共计 11 个项目,主要集中在能源、新一代基础技术、地区

---

① 戦略的イノベーション創造プログラム,https://www8.cao.go.jp/cstp/gaiyo/sip/.

资源和健康医疗 4 个领域；2018 年，CSTI 公布了 SIP 第二期项目计划，共计 12 个项目，主要集中在网络空间、材料开发、光·量子技术等领域（见表 2）。

表 2　SIP 第一期和第二期计划所涉及的项目

第一期计划所涉及的技术领域	第二期计划所涉及的技术领域
创新的燃烧技术	网络空间基础技术
新一代电力电子	基于物理空间的技术
创新的结构材料	安全（网络、物理）
新能源	自动驾驶
新一代海洋资源勘探技术	材料开发基础
自动驾驶系统	光·量子技术基础
基础设施的维护、更新和管理技术	生物·农业
加强抗灾、救灾和减灾功能	能源环境
确保重要基础设施的网络安全性	防灾、减灾
新一代农林水产业创新技术	健康医疗
生产技术的创新设计	物流（陆运和海运）
	海洋

在具体的运作层面上，日本政府为 SIP 设计了一整套完善的运行机制。第一，CSTI 选择符合社会需求以及让日本产业和经济更具竞争优势的项目，将其纳入项目研发体系；第二，由 CSTI 的学者或外部专家组成的管理

团队带领 SIP 项目的推动,评估各项目的研发进展,并提供专业的建议;第三,由具备专业性和管理才能的企业专家或学者担任分项计划主持人,负责具体工作的实施与推动;第四,由分项计划主持人挑选合适的研究人才,协调相应的政府部门、企业或科研院所。

(三)革命性研发推进计划

2013 年,日本政府还启动了"革命性研发推进计划"(ImPACT)[①]。该计划同样由 CSTI 直接管理,2013年财政预算划拨 550 亿日元。该计划是日本政府于 2009年启动的"最尖端研究开发支持计划"(FIRST Program)(2009—2013 年)的延续,与大约同时启动的 SIP 不同的是,SIP 是"跨部门/政产学合作,涵盖从基础研究到实际应用和商业化。但 ImPACT 的主要目的是"促进高风险性、高影响力、具有挑战性的研究和开发,目的是实现能在产业与社会方面带来巨大变革的创新型科技。该计划

---

① 革新的研究开発推進プログラム(ImPACT),http://impactjapan.org/ja/.

的研发资金由研究开发法人科学技术振兴机构(JST)设立的"革命性新技术研究开发基金"提供,按照推进会议决定的方针执行,该基金的设置期限为 2030 年。

ImPACT 参考了在高风险研究领域获得里程碑式成果的美国国防高级研究计划局(DARPA)的体系设计,为了实现将日本建成"最适合创新的国家"以及"充满创业精神与新创企业的国家"的最终目标,ImPACT 的项目需要满足"创造颠覆性创新"与"提出创新行动模式"的两个次目标,并引入了项目经理(PM)制,由对研究的企划、推进、管理等拥有较大自主权和责任的 16 名项目经理根据各自的研究开发计划加以实施。2020 年,ImPACT 正式结束,日本内阁府于 2020 年 1 月发布的计划最终评估报告,总结了 ImPACT 的五大主题(见表 3)。

表 3　ImPACT 的五大研究主题及主要研究内容

主题	涉及的主要研究内容
实现"新世纪日本价值的创造"	● 伊藤项目:通过使聚合物变得更加坚韧,实现燃料电池电解质膜和锂电池隔膜的超薄膜化,以及加强车身用树脂和透明树脂的韧性,使极大化的安全和节能汽车成为可能 ● 和田项目:开发创新的细胞搜索引擎,以及能够以高精度和速度自动选择细胞的技术,从而有效利用难以复制的生命现象与偶然性 ● 铃木项目:开发超越天然蜘蛛丝物理特性的人工结构蛋白质材料,并通过商业化试生产,最终用作工业材料 ● 原田(香)项目:开发一个人体模型,其传感器可以代替人类和动物作为主体,并实现超智能医疗

续表

主题	涉及的主要研究内容
实现生活方式的创新节能和生态社会的"与地球共存"	● 佐桥项目：将当前由易失性电子组成的计算机技术创新为充分利用非易失性自旋电子学的计算机技术 ● 藤田项目：开发分离和回收长寿命裂变产物，将其转化为短寿命放射性核素与稳定核素所需的技术，并建立回收高放射性废物的工艺理念
实现超越信息网络社会的高度功能化社会	● 山本项目：开发一种量子人工大脑，将连接处理量子信息的机器作为现代计算机的一部分，并为社会提供服务 ● 原田（博）项目：创建"超级大数据平台"，通过医疗/护理/社会风险管理算法提高区域医疗提供系统的效率
在少子老龄化社会中提供世界上最舒适的生活环境	● 佐野项目：通过设立一个汇集激光、等离子体和加速器技术的基地，推动超小型 X 射线自由电子激光器（XFEL）和便携式高功率电子设备的普及 ● 山海项目：开发将人与机器相结合的综合支持技术，以实现"零重度护理"社会 ● 宫田项目：开发能够随时随地现场检测各种微量有害物质和危险的设备 ● 八木项目：利用光学超声波法开发无创、无损、三维可视化测量方法，并将其应用于疾病的早期检测、健康管理等 ● 山川项目：开发脑信息可视化和控制技术，打造世界领先的脑信息产业 ● 野地项目：开发在超微溶液室中功能性地装载和整合生物分子的人工细胞反应器技术，创新与创造生物分析、酶开发和合成细胞技术进入生物产业
控制自然灾害的影响，并最大限度地减少灾害造成的损失	● 田所项目：开发在极端灾害环境中有效运作的基本机器人技术，使其能够在瞬息万变的未知环境中进行信息收集和应急响应 ● 白坂项目：通过使用可立即按需观察的小型 SAR 卫星系统，构建一个在夜间和恶劣天气下也能即时观察物体的系统

(四)"登月型"研发制度(Moonshot)[①]

　　在 2018 年 6 月 14 日举行的"综合科学技术创新会议"上,日本国立研究开发法人"物质与材料研究开发机构"(NIMS)理事长桥本和仁提出了"登月型"研发制度的具体方案,同年 12 月 20 日召开的"综合科学技术创新会议"确定了该制度的基本思路。该制度的主要目标是复兴日本科技,通过"科技创新立国"令日本成为"受世界尊敬和信赖"的科技强国。2019 年 12 月,"登月国际研讨会"在东京举行,时任美国白宫科技政策办公室主任、能源部科学办公室主任、国家科学基金会国际科学工程部部长、欧盟委员会科研创新总司副司长等海外政府官员均受邀发表主题演讲。

　　2020 年 1 月 21 日举行的"综合科学技术创新会议"确定了"登月型研发制度"的六大目标;2 月 4 日,"登月型"研发制度的实施和评价指南正式发布,并于 2 月 20

---

　　① 　https://www.jst.go.jp/moonshot/jigyou.html.

日正式对外招募项目经理(PM)。针对这一制度,日本政府在 2018 年度的补充预算中追加 1000 亿日元,在 2019 年度的预算中合计投入 170 亿日元,明确由科学技术振兴机构和新能源产业技术综合开发机构承担相关研发业务。日本政府还在积极寻求与美国和欧盟(EU)的合作。

"登月型"研发制度提出了 3 项主要任务,分别是:(1)创建国际性的创新环境,吸引全球优秀研究人员的加入;(2)采纳基础研究阶段的独创性技术,并积极挖掘由此产生的革新性研究成果,从而实现"颠覆性创新",并构建有利于基础研究的投资环境;(3)采用先进的管理方法,构建先进的研究支持系统,完善知识产权战略。此外,将长期关注世界科技动向,并及时调整管理方式,以适应突破性技术研发的需要。

该研发制度还确定了 6 项目标,计划在 2050 年前全部达成,分别是:(1)开发由机器人和多人远程操作相结合的虚拟替身,以及开发执行大型复杂任务的技术,满足人类多样化生活方式的需要;(2)实现疾病的超早期预测和预防;(3)推动人工智能与机器人技术的结合,具体表现为开发可以自主学习、行动并与人类共生的机器人,以及开发与人类相似且能够实现"共同成长"的 AI 机器人；
(4)为改善地球环境,实现可持续的资源循环利用;(5)充
分利用尚未开发的生物功能,提高粮食供应的可持续性;
(6)开发能够带动经济和产业飞跃发展的通用量子计算
机和容错量子计算机。

新兴军事技术：
美国国会面临的挑战[①]

　　长期以来,美国军方一直依靠技术优势来确保其在冲突中的主导地位并保障美国的国家安全。然而,近年来,技术的迅速发展及扩散已经威胁到美国传统的军事优势。美国国防部(DOD)采取了一系列举措来遏制这一趋势。例如,2014年,美国国防部发布第三次抵消战略,旨在将新兴技术用于军事和安全目的相关的战

---

① https://sgp. fas. org/crs/natsec/R46458. pdf.

略、战术与作战理念。为支持这一战略，美国国防部建立了许多专注于国防创新的机构，包括国防创新小组和国防战争博弈联盟小组。2021年11月，美国国会研究服务部（CRS）发布《新兴军事技术：背景和美国国会面临的挑战》报告。报告指出，美国在许多新兴军事技术领域处于领先地位。然而，作为主要战略竞争对手的中国和俄罗斯也在稳步开发先进的军事技术。随着这些技术被整合到国内外军队部署之中，可能对未来国际安全产生重大影响，因此已成为美国国会在资金和项目监管方面的重要关注点。报告共选取了人工智能（AI）、致命的自主武器、高超声速武器、定向能武器、生物技术和量子技术6类新兴军事技术，就美国、中国和俄罗斯在上述新兴军事技术领域发展的背景和现状进行分析，并且讨论了国际组织监控或监管这些技术的相关举措，以及美国国会所面临的挑战，包括新兴军事技术的资金投入和稳定性、管理结构、与招聘和吸引技术工人相关的挑战、快速发展的两用技术的采购过程、保护新兴技术免遭盗窃和转移,以及新兴技术的治理和监管。本文选取了其中的人工智能、生物技术和量子技术进行论述。

一、人工智能(AI)

尽管美国政府对人工智能(AI)没有给出官方定义,但政策制定者通常使用 AI 一词来指代具有人类水平认知能力的计算机系统。人工智能分为狭义人工智能和广义人工智能。狭义的人工智能系统只能要求被训练完成特定的任务;而广义的人工智能系统将能够执行广泛的任务,包括那些没有接受过专门训练的任务,但广义的人工智能系统尚不存在——而且可能永远不会存在①。

---

① For a discussion of narrow versus general artificial intelligence, as well as a range of expert opinions about the future of general artificial intelligence, see Nick Bostrom, *Superintelligence: Paths, Dangers, Strategies* (Oxford, United Kingdom: Oxford University Press, 2014).

报告称，美国及其竞争对手目前正在将狭义的人工智能应用于军事领域。此类应用包括但不限于情报、监视和侦察、后勤、网络操作、命令与控制以及半自动和自动驾驶汽车。这些技术部分旨在增强或取代操作人员，使他们能够执行更复杂和认知要求更高的工作。此外，支持人工智能的系统可以：（1）比依赖操作人员输入的系统反应更快；（2）用于分析的数据量呈指数增长；（3）启用新的作战概念，例如集群（即无人驾驶车辆自主协调以完成任务的合作行为），可以通过压倒对手防御系统赋予作战优势。

然而，狭义的人工智能可能会带来许多挑战。例如，此类系统可能会因其训练数据或模型而受到算法偏差的影响。研究人员一再发现人工智能面部识别程序中存在种族偏差的例子，因为系统训练的图像缺乏多样性，而一些自然语言处理程序已经产生了性别偏见。在军事背景下这种偏见可能对人工智能应用产生重大影响。例如，将未被发现的偏见纳入具有致命影响的系统可能会导致身份错误和平民或非战斗人员的意外死伤。狭义的人工智能算法所产生的不可预测和非常规的结果，如果被纳入军事系统，还可能导致意外故障。而且，最近的新闻报道和分析强调了人工智能在实现越来越逼真的照片、音频和视频数字伪造(俗称"深度伪造")方面的作用。对手可以在"灰色地带"冲突①中部署这种 AI,并将其作为信息战的一部分。深度伪造技术可用于对抗美国及其盟国,以生成虚假新闻报道、影响公众言论、削弱公众信任并试图勒索政府官员。

(一)美国

美国国防部对人工智能的投资从 2016 财年的略高于 6 亿美元增至 2022 财年的约 8.74 亿美元,该部门维护着 600 多个活跃的人工智能项目。根据"2019 财年国防授权法案",美国国防部通过建立联合人工智能中心(JAIC)来协调超过 1500 万美元的项目;JAIC 获得了"2021 财年国防授权法案"第 808 节的采购授权。JAIC

---

① "Gray zone" conflicts are those that occur below the threshold of formally declared war. For more information about information.

已经开展了多项 AI 国家任务计划，包括预测性维护①、人道主义援助和救灾、作战人员健康和业务流程转型。此外，JAIC 还管理着一个"联合共同基金会"，这是一个"基于云的安全人工智能开发和实验环境"，旨在支持全部门人工智能能力的测试和部署②。

　　"2019 财年国防授权法案"还指示国防部发布人工智能开发和部署的战略路线图，并制订"适当的道德、法律和其他政策指南，供国防部管理人工智能系统和技术在作战中的开发与使用"。为支持这一任务，美国国防创新委员会（DIB）起草了关于人工智能的道德使用建议③。基于这些建议，国防部随后通过了 5 项道德规范：责任、公

----

① Predictive maintenance uses AI "to predict the failure of critical parts, automate diagnostics, and plan maintenance based on data and equipment condition." Department of Defense, "Summary of the 2018 Department of Defense Artificial Intelligence Strategy," February 12, 2019, p. 11, at https://media. defense. gov/2019/Feb/12/2002088963/-1/-1/1/SUMMARY-OF-DOD-AI-STRATEGY. PDF.

② Joint Artificial Intelligence Center, "Joint Common Foundation," at https://www. ai. mil/jcf. html.

③ For a discussion of DOD's rationale for developing principles for ethical AI, as well as DOD's existing ethical commitments related to AI, see Defense Innovation Board, "AI Principles: Recommendations on the Ethical Use of Artificial Intelligence by the Department of Defense," October 31, 2019, at https://media. defense. gov/2019/Oct/31/2002204458/-1/-1/0/DIB_AI_PRINCIPLES_PRIMARY_DOCUMENT. PDF.

平、可追溯性、可靠性和可治理性①。2021 年 5 月 26 日，国防部副部长凯瑟琳·希克斯(Kathleen Hicks)发布了一份备忘录，为执行负责任的人工智能(RAI)的实施提供指导，并遵守伦理原则。由 JAIC 负责制定和实施执行 RAI 的战略、指导和政策②。

美国依据"2019 财年国防授权法案"第 1051 条成立国家人工智能安全委员会，对军事相关人工智能技术进行全面评估，并为加强美国竞争力提供建议。2021 年 3 月，该委员会向国会提交了最终报告，大致提供了 5 个主要工作方向的建议：(1)投资研究和开发；(2)将人工智能应用于国家安全任务；(3)培训和招聘人工智能人才；(4)保护和建设美国的技术优势；(5)组织全球人工智

---

① For definitions of these principles, see Department of Defense, "DOD Adopts Ethical Principles for Artificial Intelligence," February 24, 2020, at https://www.defense. gov/Newsroom/Releases/Release/Article/2091996/dod-adopts-ethical-principles-for-artificial-intelligence/.

② RAI is to focus on RAI governance, warfighter trust, AI product and acquisition lifecycle, requirements validation, responsible AI ecosystem, and AI workforce. For additional information about RAI, see Kathleen H. Hicks, "Implementing Responsible Artificial Intelligence in the Department of Defense," May 26, 2021, at https://media. defense. gov/2021/May/27/2002730593/-1/-1/0/IMPLEMENTING-RESPONSIBLE-ARTIFICIAL-INTELLIGENCE-IN-THE-DEPARTMENT-OF-DEFENSE. PDF.

能合作[①]。

（二）中国

报告称，中国被广泛认为是美国在人工智能领域最接近的竞争对手。中国 2017 年的"下一代人工智能发展计划"将人工智能描述为一种"战略技术"，已成为"国际竞争的焦点"[②]。而近期中国在这一领域取得的成就表明其具有实现人工智能发展目标的潜力。特别是，中国一直在寻求语言和面部识别技术，并计划将其中的许多技术整合到国内监控网络中。这类技术可用于反间谍活动和帮助定位军事目标。除了开发各种类型的空中、陆地、海洋和海底自主军用设备外，中国还在积极探索集群技

---

① National Security Commission on Artificial Intelligence, *Final Report*, March 2021, at https://www. nscai. gov/wp-content/uploads/2021/03/Full-Report-Digital-1. pdf. Pursuant to Section 238 of the FY2019 NDAA, RAND Corporation, a federally funded research and development center, additionally conducted a review of DOD's posture for AI. See Danielle C. Tarraf et al. , *The Department of Defense Posture for Artificial Intelligence：Assessment and Recommendations*, RAND Corporation, 2019, at https://www. rand. org/pubs/research_reports/RR4229. html.

② China State Council, "A Next Generation Artificial Intelligence Development Plan," p. 2.

术,该技术可用于压制敌方导弹防御拦截器。此外,来自开源的出版物的信息表明,中国正在开发一套用于网络操作的人工智能工具①。

报告称,中国对其人工智能生态系统的管理与美国形成鲜明的对比。总的来说,中国的商业公司、大学研究实验室、军队和中央政府之间几乎没有界限。例如,中国的《国家情报法》要求企业与个人"支持、协助和配合国家情报工作"。因此,中国政府能够直接指导军事领域人工智能的发展优先级,并获取为民用目的开发的技术。

(三)俄罗斯

俄罗斯总统普京曾表示,"谁成为人工智能的领导者,谁就将成为世界的统治者"②。然而,目前俄罗斯人工

---

① Elsa Kania, *Battlefield Singularity: Artificial Intelligence, Military Revolution, and China's Future Military Power*, Center for a New American Security, November 28, 2017, p. 27.

② "'Whoever leads in AI will rule the world': Putin to Russian children on Knowledge Day," *RT. com*, September 1, 2017, at https://www.rt.com/news/401731-ai-rule-world-putin/.

智能的发展明显落后于美国和中国。为弥补这一差距，俄罗斯发布了一项国家战略，概述了有关人工智能的专业知识、教育计划、数据集、基础设施和法律监管体系的 5 年和 10 年计划①。俄罗斯已表示将继续推进其 2008 年国防现代化议程，该议程要求到 2025 年使该国 30% 的军事装备实现机器人化②。

报告称，俄罗斯军方一直在研究人工智能的应用，重点是半自主和自主军用车辆。据报道，俄罗斯还为无人地面车辆建造了一个作战模块，该模块能够自主识别目标，与目标进行交战，并计划开发一套支持人工智能的自主系统。此外，俄罗斯军方计划将人工智能纳入无人机、海军和水下航行器，并且正在开发其集群能力。这些技术可以降低成本和人力需求，有可能使俄罗斯能够以更少的人员部署更多系统。俄罗斯也在探索人工智能在遥感和电子战方面的创新用途，可能会降低对手在战场上

---

① Office of the President of the Russian Federation, "Decree of the President of the Russian Federation on the Development of Artificial Intelligence in the Russian Federation" (Center for Security and Emerging Technology, Trans.), October 10, 2019, at https://cset. georgetown. edu/research/decree-of-the-president-of-the-russian-federation-on-the-development-of-artificial-intelligence-in-the-russian-federation/.

② Tom Simonite, "For Superpowers, Artificial Intelligence Fuels New Global Arms Race," *Wired*, August 8, 2017.

进行有效通信与导航的能力。最后,俄罗斯广泛使用人工智能技术进行国内宣传和监视,以及针对美国及其盟友的信息战①。

报告称,分析人士认为,俄罗斯可能难以在人工智能发展方面取得重大进展。例如,俄罗斯学术界几乎很少发表关于人工智能的研究论文,在全球人工智能相关出版物中排名第 22 位②,而且俄罗斯还没有能够与美国和中国媲美的人工智能应用程序。还有一些分析人士反驳称,这些因素可能无关紧要,尽管俄罗斯从未成为互联网技术的领导者,但它已经成为网络空间一支引人注目的破坏性力量。俄罗斯也可以利用其与中国不断增长的技术合作来谋求发展③。

---

① Alina Polyakova, "Weapons of the Weak: Russia and AI-driven Asymmetric Warfare," Brookings Institution, November 15, 2018, at https://www.brookings.edu/research/weapons-of-the-weak-russia-and-ai-driven-asymmetric-warfare/; and Chris Meserole and Alina Polyakova, "Disinformation Wars," *Foreign Policy*, May 25, 2018, at https://foreignpolicy.com/2018/05/25/disinformation-wars/.

② Margarita Konaev et al. , *Headline or Trend Line? Evaluating Chinese-Russian Collaboration in AI*, Center for Security and Emerging Technology, August 2021, p. 9.

③ Samuel Bendett and Elsa Kania, *A New Sino-Russian High-tech Partnership*, Australian Strategic Policy Institute, October 29, 2019, at https://www.aspi.org.au/report/new-sino-russian-high-tech-partnership. Some analysts have cautioned, however, that "the extent and scope of Chinese-Russian collaboration in AI may be overstated by both Chinese and Russian sources as well as U. S. observers." Margarita Konaev et al. , *Headline or Trend Line? Evaluating Chinese-Russian Collaboration in AI*, Center for Security and Emerging Technology, August 2021, p. 9.

（四）国际机构

报告称，许多国际机构已开始研究有关人工智能的问题，包括七国集团（G7）、亚太经济合作组织（APEC）和经济合作与发展组织（OECD）。经济合作与发展组织为人工智能制定了第一套政府间原则。这些原则旨在"促进具有创新性和可信赖性并尊重人权与民主价值观的人工智能"[1]。美国是已经采用经合组织人工智能原则的42个国家之一，此外，还包括经合组织的36个成员，以及阿根廷、巴西、哥伦比亚、哥斯达黎加、秘鲁和罗马尼亚。这些原则是二十国集团（G20）于2019年6月发布的关于以人为本的人工智能部长级声明的基础[2]。此外，经合组织于2019年成立了人工智能政策观察站，通过制订政策选项"帮助各国鼓励、培育和监督负责任地开发可信赖的人工智能系统，并造福社会"。

---

[1]　Organisation for Economic Co-operation and Development，"OECD Principles on AI，" June 2019，at https://www.oecd.org/going-digital/ai/principles/.

[2]　"G20 Ministerial Statement on Trade and Digital Economy，" June 9，2019，at https://www.mofa.go.jp/files/000486596.pdf.

2021 年 10 月,北大西洋公约组织(NATO)发布了其第一个人工智能战略[①]。据北约秘书长延斯·斯托尔滕贝格(Jens Stoltenberg)称,该战略是"为负责任地使用人工智能制定标准,根据国际法概述北约将如何开展人工智能的应用,阐明北约将如何保护这项技术,并应对对手使用人工智能带来的威胁。"[②]北约还将另外成立人工智能测试中心以及数据与人工智能审查委员会,以确保人工智能战略的"可操作性"。[③]

(五)美国国会可能面临的挑战

● 美国国防部正在采取哪些措施来实施其人工智能伦理原则? 这些措施是否足以确保国防部遵守这些原则?

---

① North Atlantic Treaty Organization,"Summary of the NATO Artificial Intelligence Strategy," October 22, 2021, at https://www. nato. int/cps/en/natohq/official_texts_187617. htm? mc_cid=8f2b5c99db&mc_eid=5a3e8d2b43.

② Vivienne Machi,"NATO ups the ante on disruptive tech, artificial intelligence," *C4ISRNET*, November 3, 2021, at https://www. c4isrnet. com/digital-show-dailies/feindef/2021/11/03/nato-ups-the-ante-on-disruptive-tech-artificial-intelligence/.

③ 同上。

● 国防部和情报部门是否掌握有关外国军事人工智能应用的状态以及此类应用是否可能威胁美国国家安全的足够信息？

● 与"深度伪造"有关的国家安全考虑应如何与言论自由保护、艺术表达和基础技术的有效使用相平衡？如果有的话，美国政府应该采取哪些努力来确保公众接受有关"深度伪造"的教育？

二、生物技术

生物技术的一些发展对美国军队和国际安全具有潜在影响。正如 2018 年美国政府问责办公室报告所指出的那样，国防部、国务院和国土安全部以及国家情报总监办公室评估生物技术，例如，低成本基因编辑工具 CRISPR 有潜力改变基因或创造 DNA 来改造植物、动物和人类。此类生物技术可用于增强或降低军事人员的表现。合成生物学的普及可能会增加能够制造化学和生物武器的参与者的数量①。同样,美国情报界 2016 年的全球威胁评估也将基因组编辑列为潜在的大规模杀伤性武器②。生物技术还可用于制造能够进行适应性伪装的隐形装置或者更轻、更坚固并且可能具有潜在自我修复能力的身体和车辆装甲③。有人担心,美国的竞争对手在研究中可能不会遵守相同的道德标准和生物技术的应用,特别是生物武器、基因组编辑或更具侵入性的人类行为改变形式④。

---

① Government Accountability Office, *National Security: Long-Range Emerging Threats Facing the United States as Identified by Federal Agencies*, December 2018, at https://www. gao. gov/assets/700/695981. pdf.

② James R. Clapper,"Statement for the Record: Worldwide Threat Assessment of the US Intelligence Community," delivered before the U. S. Senate Committee on Armed Services, February 9, 2016.

③ Patrick Tucker, " The US Army Is Making Synthetic Biology a Priority," *Defense One*, July 1, 2019; and "Army scientists explore synthetic biology potential," U. S. Army, June 24, 2019, at https://www. army. mil/article/223495/army_scientists_explore_synthetic_biology_potential.

④ James R. Clapper,"Statement for the Record: Worldwide Threat Assessment of the US Intelligence Community," delivered before the U. S. Senate Committee on Armed Services, February 9, 2016; and Daniel R. Coats, "Statement for the Record: Worldwide Threat Assessment of the US Intelligence Community," delivered before the U. S. Senate Committee on Armed Services, March 6, 2018. Although the U. S. military has long used certain drugs such as caffeine, modafinil, dextroamphetamine, and various sleep aids to enhance soldier performance, it bans other performance-enhancing drugs and techniques such as anabolic steroids and blood doping. See Paul Scharre and Lauren Fish, *Human Performance Enhancement*, Center for a New American Security, November 7, 2018, at https://www. cnas. org/publications/reports/human-performance-enhancement-1.

（一）美国

根据"2017 财年国防授权法案"第 1086 节[①]，特朗普政府发布了《国家生物防御战略》，其中概述了"美国政府将如何更有效地管理其活动，以评估、预防、检测、准备、应对生物威胁，并与国际合作伙伴、工业界、学术界、非政府实体和私营部门协调其生物防御工作"[②]。然而，正如一些分析人士所指出的，这一战略并没有伴随着资源充足的行动计划，因此"基本上没有实施"。此外，也没有特定于国防部的生物技术研究战略。

报告称，美国的非机密生物技术项目的军事应用主要集中在提高"战备、恢复力和恢复能力"上。例如，美国国防部高级研究计划局（DARPA）拥有许多致力于战场医学、诊断和预测的生物技术项目，而且在探索减轻创伤性脑损伤影响、治疗抑郁症与创伤后应激等神经精神疾

---

① P. L. 114-328, Section 2, Division A, Title X, § 1086.

② The White House, *National Biodefense Strategy*, 2018, at https://www.whitehouse.gov/wp-content/uploads/2018/09/National-Biodefense-Strategy.pdf.

病以及预防传染病和对美国食品供应的生物工程威胁的选择。此外,DARPA 的安全基因计划旨在"保护"服役人员免受意外或故意滥用基因组编辑技术的伤害[①]。服务实验室也在进行生物技术研究,已完成一项为期 3 年的 4500 万美元合成生物学联合研究计划,该计划"旨在开发新的生物基材料和传感器"。[②]

此外,一些报告表明,美国正在研究或以前研究过生物技术和神经科学应用,以提高士兵的杀伤力,包括使士兵"更强壮、更聪明、更有能力、更有耐力"[③]。一些团体对这项研究表达了伦理上的担忧,尽管美国在 1974—2017 年设立了一系列总统生物伦理委员会,但目前仍没有审查伦理问题的国家框架。

最后,根据"2020 财年国防授权法案"第 263 条,国防部将"审查新兴生物技术应用对国家安全要求的军事理

---

① See Defense Advanced Research Projects Agency, "Our Research: Biological Technologies Office," at https://www. darpa. mil/our-research? tFilter=&oFilter=1.

② Marisa Alia-Novobilski,"Tri-Service effort leverages synthetic biology expertise to address future warfighter needs," Wright-Patterson AFB, September 27,2017.

③ Annie Jacobsen, *The Pentagon's Brain: An Uncensored History of DARPA, America's Top-Secret Military Research Agency* (New York: Little, Brown and Company, 2015). See also Michael Joseph Gross, "The Pentagon's Push to Program Soldiers' Brains," *The Atlantic*, November 2018, at https://www. theatlantic. com/magazine/archive/2018/11/the-pentagon-wants-to-weaponize-the-brain-what-could-go-wrong/570841/.

解和相关性"，并为未来的立法提供建议。"2021 财年国防授权法案"第 278 节还指示国防部"出于国家安全目的，对新兴生物技术的能力进行评估和直接比较美国与美国对手的能力"。

（二）中国

受人口老龄化和不断增长的医疗保健需求的推动，中国热衷于生物技术研究。生物技术被列为"中国制造 2025"战略中的一项重点，并在中国当前的五年计划中进一步得到强调[①]。特别是，中国正在积极寻求用于基因检测和精准医疗的生物技术。而且中国拥有世界上最大的遗传信息库之一，即国家基因库，其中包括美国的基因数据。这些信息可用于制订个性化的疾病治疗计划，或潜

---

① "Outline of the People's Republic of China 14th Five-Year Plan for National Economic and Social Development and Long-Range Objectives for 2035," *Xinhua News Agency*, March 12, 2021, Translated by Etcetera Language Group, Inc. , at https://cset. georgetown. edu/wp-content/uploads/t0284_14th_Five_Year_Plan_EN. pdf.

在的精准生物武器[1]。

报告称，关于中国对生物技术特定军事应用的开源信息有限。然而，中国的军民融合政策将使中国军队能够轻松获取民用生物技术[2]。此外，报告表明，中央军委"已资助军事脑科学、先进仿生系统、生物和仿生材料、人类性能提升与'新概念''生物技术'等项目"，而中国军队的医疗机构对基因编辑工具 CRISPR 基因编辑进行了广泛地研究[3]。

（三）俄罗斯

报告称，尽管俄罗斯于 2012 年发布了旨在提高俄罗斯生物技术行业地位的政府整体战略 BIO2020，但俄罗斯的生物技术研究仍落后于美国和中国。BIO2020 将俄

---

[1]　David J. Lynch, "Biotechnology: the US-China dispute over genetic data," *Financial Times*, July 31, 2017. See also Elsa Kania and Wilson VornDick, "China's Military Biotech Frontier: CRISPR, Military-Civil Fusion, and the New Revolution in Military Affairs," *The Jamestown Foundation*, October 8, 2019, at https://jamestown. org/program/chinas-military-biotech-frontier-crispr-military-civil-fusion-and-the-new-revolution-in-military-affairs/.

[2]　同上。

[3]　同上。

罗斯的生物技术研究优先领域确定为生物制药和生物医学、工业生物技术和生物能源、农业和食品生物技术、森林生物技术、环境保护生物技术与海洋生物技术。关于俄罗斯如何在军事或国家安全范围内使用这类两用技术的公开信息很少。然而，该国试图使用"诺维乔克"（Novichok）神经毒剂暗杀一名前英国双重间谍，这被指控违反了 1992 年《禁止化学武器公约》，表明该国可能不受限制地将生物制剂武器化，包括那些来自合成材料的生物制剂[①]。由美国商务部、国务院、国防部、能源部和财政部代表组成的美国最终用户审查委员会（ERC）于 2020 年 8 月做出认定，有"合理理由"相信 3 家俄罗斯研究机构与俄罗斯生物武器计划有关。[②]

---

① Mark Urban, "Salisbury attack 'evidence' of Russian weapon stockpile," *BBC*, March 4, 2019. For a full assessment of the potential national security threats posed by synthetic biology, see the Committee on Strategies for Identifying and Addressing Potential Biodefense Vulnerabilities Posed by Synthetic Biology Consensus Report: *Biodefense in the Age of Synthetic Biology*, National Academy of Sciences, 2018, at http://nap. edu/24890.

② The ERC added these research institutes to the Entity List, which identifies entities acting "contrary to the national security or foreign policy interests of the United States." Department of Commerce, "Addition of Entities to the Entity List, and Revision of Entries on the Entity List," August 27, 2020, at https://www. federalregister. gov/documents/2020/08/27/2020-18909/addition-of-entities-to-the-entity-list-and-revision-of-entries-on-the-entity-list.

（四）国际机构

国际法仅禁止将生物技术武器化^①。一些国际机构已表示将考虑生物技术的更广泛影响。例如，自 1983 年以来，东盟设立了一个生物技术小组委员会，以促进区域生物技术项目的协调。自 1993 年以来，经合组织成立了一个生物技术内部协调小组，负责监测生物技术的发展并促进参与生物技术研究的各个部门（例如农业、科学、技术、环境、工业）之间的协调。此外，联合国《生物多样性公约》还负责管理转基因生物的开发和使用^②。然而，这些机构并不专门关注生物技术的军事应用。

就潜在的军事化而言，1972 年《禁止生物武器公约》要求召开审查会议，每 5 年对条约的执行情况和生物技术的持续发展进行一次评估。年度会议在审查会议之间举行，以非正式的方式审议相关主题，以及解决各国关于

---

① The United States, China, and Russia have ratified the 1972 Biological Weapons Convention, which is a legally binding treaty that bans the development and production of biological weapons.

② The United States is not a party to this convention or its associated protocols.

生物安全的双边和多边问题。一些分析人士认为，应该建立一个国际框架来考虑生物技术的军事化并讨论对某些应用的潜在监管或限制[①]。

(五)美国国会可能面临的挑战

● 是否需要国防部生物技术战略或组织来确定研究重点和协调整个部门的研究？全面实施国家生物防御战略需要哪些资源或组织变革(如果有的话)？

● 美国竞争对手正在开发哪些生物技术的军事应用？美国军方是否适当地平衡了生物技术的潜在作战效用与伦理考虑？

● 需要在哪些国际框架下考虑合成生物学、基因组编辑和人类行为改变等生物技术军事应用的伦理、道德与法律影响？

---

① See, for example, Brett Edwards, "We've got to talk: The militarization of biotechnology," *Bulletin of the Atomic Scientists*, August 4, 2017, at https://thebulletin. org/2017/08/weve-got-to-talk-the-militarization-of-biotechnology/.

三、量子技术

量子技术将量子物理学原理转化为技术应用。总的来说,量子技术尚未成熟,但未来可能对军事传感、加密和通信产生重大影响。美国政府问责办公室(GAO)报告称,国防部、国务院、国土安全部和国家情报局(ODNI)已经评估"量子通信可以使对手开发美国无法拦截或解密的安全通信。量子计算可能允许对手解密'非机密、机密或敏感'信息,这可能使他们将美国人员和军事行动作为目标"[1]。

---

[1]　Government Accountability Office, *National Security: Long-Range Emerging Threats Facing the United States as Identified by Federal Agencies*, December 2018, at https://www. gao. gov/assets/700/695981. pdf. Significant advances in quantum computing will likely be required to break current encryption methods. Indeed, some analysts believe that a quantum computer with around 20 million qubits—shorthand for "quantum bits," or computing units that leverage the principle of superposition—would be required to break these methods; the most advanced quantum computers today have around 53 qubits. See "How a quantum computer could break 2048-bit RSA encryption in 8 hours," *MIT Technology Review*, May 30, 2019, at https://www. technologyreview. com/2019/05/30/65724/how-a-quantum-computer-could-break-2048-bit-rsa-encryption-in-8-hours/.

　　量子技术可以有其他军事应用，例如量子传感，理论上可以显著改进潜艇探测，使海洋"透明"①。但反过来也会损害美国海基核威慑的生存能力。量子传感还可以提供替代定位、导航和授时，理论上可以让军队在 GPS 性能下降或无法使用 GPS 的环境中继续以最佳性能运行。然而，此类技术的军事应用可能会受到量子态脆弱性的限制，量子态可能会受到微小运动、温度变化或其他环境因素的破坏。

（一）美国

　　根据美国国防科学委员会量子技术应用工作组的评估，量子技术的三种应用对美国军方最有希望，分别是量子传感、量子计算和量子通信②。该工作组指出：量子传感可以"显著提高"国防部执行某些任务的能力，在 GPS

① Michael J. Biercuk and Richard Fontaine, "The Leap into Quantum Technology: A Primer for National Security Professionals," *War on the Rocks*, November 17, 2017, at https://warontherocks. com/2017/11/leap-quantum-technology-primer-national-security-professionals/.

② Defense Science Board, *Applications of Quantum Technologies: Executive Summary*, October 2019, at https://dsb. cto. mil/reports. htm.

性能下降或无法使用 GPS 的环境中提供精确导航和授时选项；量子计算机可以"赋予国防部巨大的计算能力"用于解密、信号处理和人工智能[①]。工作组得出结论认为，"量子传感目前正准备用于军事任务，而量子计算和通信处于早期发展阶段……量子雷达不会为国防部提供升级的能力"[②]。美国国防部高级研究计划局（DARPA）和服务商都在为相关领域的量子技术项目提供资金。

根据"2019 财年国防授权法案"第 234 条，国防部部长的任务是协调这些项目，并促进在量子信息科学和技术研发方面的跨部门合作与公私合作。此外，"2020 财年国防授权法案"第 220 节授权每个军事部门的秘书建立量子信息科学（QIS）可以"与适当的公共和私营部门组织合作"以推进量子研究的研究中心。迄今为止，海军已指定海军研究实验室作为其量子信息科学研究中心，空军已指定空军研究实验室为空军和太空部队的量子信息科学研究中心。陆军表示，目前不打算建立量子信息科学研究中心。

---

① Defense Science Board, *Applications of Quantum Technologies: Executive Summary*, October 2019, at https://dsb. cto. mil/reports. htm.

② 同上。

最后，"2021 财年国防授权法案"第 214 条指示服务部门编制并每年更新一份量子计算机可能在未来 1～3 年内解决的技术挑战清单。它还指导中小型企业制订计划，为解决这些挑战的政府、行业和学术研究人员提供量子计算能力。第 1722 条还指示国防部对量子计算机构成的风险以及后量子密码学的现行标准进行评估。

(二)中国

报告称，中国在其发展计划中越来越重视量子技术研究[1]。中国政府将量子通信和量子计算列为"到 2030 年实现重大突破的优先事项"的重点研究计划，该目标也被国家科技创新计划引用[2]。中国已是量子技术的世界领先者。2016 年，中国发射了世界上第一颗量子卫星，以提供"全球量子加密通信能力"。2017

---

[1]　For a history of China's quantum technology research and development initiatives, see Elsa B. Kania and John Costello, *Quantum Hegemony*?: *China's Ambitions and the Challenge to U. S. Innovation Leadership*, Center for a New American Security, September 2018, p. 8, at https://s3. amazonaws. com/files. cnas. org/documents/CNASReport-Quantum-Tech_FINAL. pdf? mtime=20180912133406.

[2]　同上。

年,中国举办了第一次量子安全洲际视频会议[1]。此外,中国正在大力投资地面量子通信网络。在 2016 年完成了 2000 公里的北京—上海量子网络的建设,并计划在未来几年将该网络扩展至全国[2]。虽然量子技术的进步主要是由学术界推动的,但中国已经表示将在国家"十三五"科技军民融合专项计划中将它们应用于军事领域。

(三)俄罗斯

报告称,与人工智能一样,俄罗斯在量子技术方面的发展明显落后于美国和中国,一些分析人士指出,俄罗斯在量子计算方面可能"落后 5～10 年"[3]。为了促进发展,俄罗斯 2019 年 12 月宣布计划在未来 5 年内

---

[1]　Office of the Secretary of Defense, *Annual Report to Congress：Military and Security Developments Involving the People's Republic of China* 2019, May 2, 2019, p. 101, at https://media. defense. gov/2019/May/02/2002127082/-1/-1/1/2019_CHINA_MILITARY_POWER_REPORT. pdf.

[2]　Elsa B. Kania and John Costello, *Quantum Hegemony?：China's Ambitions and the Challenge to U. S. Innovation Leadership*, p. 14.

[3]　Quirin Schiermeier, "Russia joins race to make quantum dreams a reality," *Nature*, December 17, 2019, at https://www. nature. com/articles/d41586-019-03855-z.

投资 7.9 亿美元用于量子研究，并通过了为期 5 年的俄罗斯量子技术路线图①。然而，这些举措并非针对军事领域。

（四）国际机构

目前，没有主要的国际机构作出专门用于监测或管理量子技术的军事或其他应用的正式倡议。

（五）美国国会可能面临的挑战

● 当前的投资水平是否能够保证量子技术在军事领域的成熟应用？商业量子技术的进步在多大程度上可以用于军事领域？

---

① For comparison，the U. S. National Quantum Initiative Act（P. L. 115-368），signed into law in December 2018，commits the United States to investing $ 1. 25 billion in quantum research over five years.

● 是否采取了足够的措施来开发抗量子加密和保护使用当前方法加密的数据？

● 美国竞争对手开发量子技术的军事应用有多成熟？这些在军事上的应用会在多大程度上威胁美国军事优势,如潜艇和第五代隐形飞机？

美智库发布《中美两国对高影响力的人工智能研究的贡献比较》

　　2022 年 1 月,美国智库——乔治敦大学安全和新兴技术研究中心(CSET)发布了研究报告《中美两国对高影响力的人工智能研究的贡献比较》(*Comparing U. S. and Chinese Contributions to High-Impact AI Research*)。报告通过对在 2005—2019 年中美两国在 6 个学术数据集,包括 Clarivate 的科学网(WOS)、数字科学的维度(DS)、微软学术图(MAG)、中国知识基础设施工程(CNKI),以及 2 个开源数据集,收集筛选的 170000 篇顶级人工智能(AI)研究成果进行比较分析,评估中美两国人工智能研究成果在数量、质量、合作方式、重点领域等方面的发展情况。报告发现,中国人工智能研究成果在全球的影响力越来越大。

一、主要内容[①]

(一)中国高质量人工智能研究成果数量稳步增长,有追上并超越美国的势头

在总体人工智能(AI)研究成果数量方面,2005 年,中国已经超越了美国;在排名前 **25%** 的研究成果数量方面,

[①] https://cset. georgetown. edu/publication/comparing-u-s-and-chinese-contributions-to-high-impact-ai-research/.

到 2013 年,中国已与美国持平;**在排名前 5%的研究成果数量方面,**中国与美国的差距逐渐缩小。2013 年,美国高被引研究成果数量为 3600 篇,而中国为 2300 篇。然而,到 2019 年,两国几乎持平:美国 8000 篇,中国 7900 篇,分别占当年发表的 20800 篇高被引研究成果总数的 39%和 38%。

(二)中国被国外引用的高质量人工智能研究成果数量不断增加,但仍落后于美国

中国顶级出版物经常在中国以外被引用,并且被国外引用数量呈现稳步增长的趋势,2015—2019 年,中国出版物国际引用为 35%。但是,2019 年,美国出版物在国际引用达到 58%,领先于中国出版物。同时,从来自没有美国和中国参与的特定研究成果库的引用来看,在中国新研究成果发表后的第一年,其引用次数少于美国。但是,两国发布的新的人工智能研究成果被国际引用的数量都在迅速增长。这反映了除质量差异之外,美国可能与国际合作更加密切,尤其是与美国的盟友,而中

国由于语言障碍、术语差异、研究人员、研究方向和资助者兴趣结合等原因,导致中国研究成果的国际引用量低。数据显示,中国与非中国的合作成果被非中国引用的比例达 43%,而单纯中国成果被引用的比例仅为 30%。

(三)中国在 13 个顶级人工智能会议上的研究成果份额不断增加,而美国则停滞不前

2015—2019 年,在 13 个人工智能研究成果的顶级会议收集的 46000 份研究成果中(其收集的研究成果的 47% 被高度引用,而在一般人工智能成果集中,这一比例仅为 13%),中国和美国研究成果数量都在迅速增加。尽管美国发表的成果绝对数量仍远多于中国,但两国之间的比例已经缩小:2019 年中国发表的成果数量是美国的 60%,而 2015 年这一数字为 32%,2005 年仅为 10%。中国的研究成果份额也在不断增长,而美国的份额则停滞不前:2019 年,在这些顶尖会议研究成果中,至少有一位中国作者的占 31%,而 2010 年这一数字为 13%,2005 年仅为 6%。同样,CS Rankings

（Computer Science Rankings）的全球十大人工智能机构名单中，中国的影响力显著且不断提升。在2011—2015年的AI顶尖机构名单中，中国有3家，美国有6家；在2016—2020年的AI顶尖机构名单中，中国有4家，美国有5家。这些结果表明，越来越多的中国研究成果吸引了国际研究界的极大兴趣。

（四）在美国和中国研究人员的高影响力人工智能研究成果中，美中合作的成果占比越来越大

2019年，中国只有10％的人工智能研究成果是与美国研究人员合作的，但其引用率高于其他中国研究成果，占高被引中国研究成果的24％。美中合作成果占中国排名前1％的研究成果的30％，占顶级人工智能会议成果的36％。其中，有很大一部分原因是这些研究成果可获得更高的国际认可度，以及非中国研究人员对中国研究成果的可获得性。因此，很有可能纯中国研究成果的质量并不一定差。此外，美中合作成果在美国人工智能研究成果中也占了一定比例。

2019 年以来,美国人工智能研究成果中有 19％是美中合作的,美国顶级研究成果中的这一比例为 22％,被高度引用的美国研究成果中的这一比例为 24％。

(五)中国在计算机视觉领域研究水平较高,美国在深度学习和自然语言处理领域研究水平较高

报告发现,中国在被顶级人工智能会议收录的研究成果主要集中在计算机视觉等领域。这包括与监控相关的识别任务,或在多个视频源中识别同一个人。中国也发表了许多通用计算机视觉任务的研究成果,这可以提高民用和安全相关应用能力,包括目标检测与视觉跟踪。这占据了计算机视觉研究的很大一部分。此外,还包括在工业中的实际应用,如法律责任问题、将人工智能应用于工业机械故障诊断以及在电子商务网站上推荐内容。美国研究的重点则是深度学习和自然语言处理等高级人工智能领域。此外,它还讨论了人工智能伦理和安全,包括人工智能决策的公平性与提高人工智能系统对抗性攻击的强度。

（六）美国和中国共占全球高被引人工智能研究成果的 65%，欧盟和"五眼联盟"国家也发挥着重要作用

美国和中国是人工智能研究领域被高度引用的最突出的国家，但也不是该领域创新的唯一来源。美国的盟友在更具代表性的人工智能创新平衡核算方面发挥着重要的作用。特别是欧盟和"五眼联盟"国家。虽然中美两国在被高度引用的人工智能研究成果方面的差距越来越小，但美国及其盟友合计产生的人工智能研究成果被高度引用的数量远远超过了中国。例如，2019 年，中国发表了 7900 篇被高度引用的研究成果，相比之下，美国、欧盟、加拿大、澳大利亚、新西兰和英国发表了 13500 篇被高度引用的研究成果。因此，美国与其盟友的协调、合作对于美国在人工智能研究和更广泛的技术竞争中保持优势来说至关重要。

二、主要国家人工智能相关的政策

近年来,各国政府高度重视人工智能技术的发展,纷纷出台相关政策举措,力促人工智能技术和应用与传统经济融合,助推人工智能产业加速发展。根据不完全统计,目前,全球包括美国、中国、欧盟、日本、韩国、印度、丹麦、俄罗斯在内的近30个国家(地区)发布了与人工智能相关的战略规划和政策部署。尤其是以中美为代表的人工智能第一梯队国家和英国、法国、德国、加拿大等人工智能特色发展国家都在国家层面密集发布相关政策规划,布局人工智能产业、研发和教育,抓住人工智能技术带来的发展机遇,以期在不久的将来占据领先位置。

美国:密集出台国家政策和法案,不断加强布局,逐步深化落实,为人工智能教育提供强力政策与法律保障。美国"2021财年联邦政府预算报告"中明确提出,联邦政府计划大幅增加人工智能和量子信息科学等未来产业的研发投入,并且实施对教育与职业培训的投资。2021年

1月，美国正式颁布《2020年国家人工智能倡议法案》，旨在确保美国在全球AI技术领域的领先地位，将美国人工智能计划编入法典，保障增加研究投入、获取计算和数据资源、设置技术标准、建立劳动力系统及与盟友展开合作。同月，科技政策办公室（OSTP）成立了专门的国家人工智能倡议办公室，负责监督和实施国家AI战略。2021年3月1日，美国国家人工智能安全委员会（NSCAI）向美国国会和总统提交了一份关于人工智能的报告[①]，提出了一项"到2025年让美国人工智能做好准备的战略"，通过领导力、人才、硬件和创新投资的四大行动支柱，以更好地与其他支持人工智能的国家（如中国和俄罗斯）竞争。2021年6月，美国国会下属的政府问责局（GAO）发布人工智能问责框架，围绕治理、数据、表现和监测这四个主题，并对每个主题涉及的关键实践做法、系列问题与问责程序等进行了阐释，以帮助确保联邦机构和参与人工智能系统设计、开发、部署与持续监测的其他实体负责任地使用人工智能，这不仅体现了对人工智能伦理的深切关注，而且为今后人工智能政策和立法确立了原则与

---

① https://dig. watch/updates/us-national-security-commission-ai-releases-final-report/. https://reports. nscai. gov/final-report/chair-and-vice-chair-letter/.

方向。同月,美国科学和技术政策办公室与国家科学基金会(NSF)宣布成立国家人工智能研究资源工作组,帮助创建一个共享的国家人工智能研究基础设施。2021 年 7 月,美国国土安全部科学技术局发布《人工智能与机器学习战略计划》,提出明确的战略目标,推动和提升跨领域国土安全能力。

欧盟:以投资和监管并举的思路加速人工智能的发展并建立人工智能监管框架。2021 年 4 月 21 日,欧盟委员会发布了立法提案——《欧洲议会和理事会关于制定人工智能统一规则(人工智能法)和修订某些欧盟立法的条例》,以期通过建设可信人工智能,获取全球伦理规则制定主导权,旨在将欧洲打造成为值得信赖的人工智能全球中心。这是欧盟第一次对人工智能制定限制性的政策,也是世界上第一个规范人工智能发展的整体性规划。除了法律框架外,欧盟委员会当天还公布了针对机器人、3D 打印机等的人工智能机器条例,以及人工智能协调计划,旨在加强对人工智能研发的鼓励和扶持。2021 年 10 月,欧洲议会通过一项决议,对执法机构在执法过程中使用人工智能提出要求,呼吁禁止警方在公共场所或者边境检查中实行大规模人脸识别、禁止使用私域人脸识别数据库以及根据行为特征进行预测性监管等。

法国:推进"人工智能国家战略",投巨资发展机器人产业。2021年,法国公布了"人工智能国家战略"第二阶段计划,5年内拨款22亿欧元用于人工智能,用于实现三个主要目标:一是提升国家技术能力;二是使法国成为嵌入式和可信人工智能领域的领导者;三是加快人工智能在经济中的部署。另外,作为"2030年投资计划"的一部分,法国将投资8亿欧元发展机器人产业,其中4亿欧元将用于制造集成人工智能技术的机器人。

英国:制定国家人工智能战略,确定优先级时间表。2021年1月,英国人工智能委员会发布《人工智能路线图》报告,以帮助政府制定人工智能战略方向。该报告重点关注以下四个方面:研究、开发与创新;技能与多样性;数据、基础架构;公共信任、国家及跨部门的运用。

日本:强调以人为中心发展人工智能。2021年11月,日本政府在当月内阁会议决定的经济对策中,提出设立经济安全基金,规模拟定为5000亿日元(约合人民币281亿元),力争在人工智能和太空相关技术等关系国力的新领域占据主导地位。2021年10月20日,日本科技政策研究所(NISTEP)发布《2021科技创新白皮书》,旨在加强网络安全、人工智能等构建"社会 5.0"服务平台所需的基础技术,计划到 2050 年,通过人工智能与机器人的共同进化,实现自主学习、行动和与人共生的机器人。

韩国[①]**:以半导体为基础,大力发展人工智能半导体产业**[②]。2021 年 12 月 15 日,韩国科学技术信息通信部表示,将启动为中小企业、风险投资企业、中坚企业提供人工智能解决方案和服务的"2022 年 AIVOUCHER"支援项目,项目规模为 980 亿韩元,计划选定 350 个课题。2020 年 12 月 12 日,韩国发布"人工智能半导体产业发展战略",旨在通过基于韩国的强项,例如世界上最好的半导体制造能力,大力培育人工智能半导体,从而引领全球市场。到 2030 年,韩国政府通过实现跨越式发展 AI/综合半导体力量,达到引领人工智能半导体领先地位的愿景。韩国计划到 2030 年占有全球 20% 的市场份额、培育 20 家创新型企业和 3000 名高级人才。

[①] http://pg. jrj. com. cn/acc/Res/CN＿RES/INDUS/2020/12/30/e1d7851b-f9d3-4ccb-9e0f-7465b62d31c3. pdf.

[②] https://www. korea. kr/special/policyFocusView. do? newsId ＝ 148878668&pkgId ＝49500747.

三、主流智库有关人工智能的观点

在人工智能领域,中美竞争加剧。2021 年 1 月,美国智库——信息技术和创新基金会(ITIF)发表《谁在人工智能竞赛中获胜:中国、欧盟还是美国?》[①]。报告认为,迄今为止,美国在人工智能领域总体上仍保持领先地位,但中国在一些重要领域不断缩小差距,欧盟则继续落后。2021 年 4 月,美国大西洋理事会发表《美国能否赢得与中国的人工智能竞赛?》[②]。报告认为,中国的重点战略使其能够在人脸识别等高科技领域超越美国,因此,美国必须与之匹配,需要与西方其他国家建立更牢固的伙伴关系,限制出口管制并逐步降低"购买美国货"的要求。美国斯坦福大学发表的《2021 年人工智能指数报告》指出,中国和美国在人工智能研究方面已成为同行,均为全球领

[①] https://itif. org/publications/2021/01/25/who-winning-ai-race-china-eu-or-united-states-2021-update.

[②] https://www. atlanticcouncil. org/blogs/new-atlanticist/can-the-us-win-the-ai-race-with-china/.

导者。

美国正在加速人工智能领域的发展。2021 年 1 月 21 日,美国布鲁金斯学会发布《2021 年定义人工智能的 6 项进展》报告,指出 2021 年是美国管理人工智能的重要时期,在立法、资金投入、政策落实、监管等方面都取得了巨大的进展。

研究分析

从日本《制造业白皮书》看日本

　　1999 年 3 月，日本政府公布《制造业基础技术振兴基本法》，并于同年 6 月 18 日正式实施。该基本法对制造业基础技术的价值作了高度评价，特别强调了制造业基础技术对就业、经济增长和社会发展的重要作用。根据《制造业基础技术振兴基本法》第 8 条的要求，日本政府自 2001 年开始每年以报告书的形式向国会报告振兴制造业的相关对策措施，名为《制造业基础技术振兴政策》（也称《制造业白皮书》）。按照基本法的规定，撰写该报告的任务由经济产业省、厚生劳动省和文部科学省承担。2001—2021年,日本共发布21份白皮书。

一、日本《制造业基础技术振兴基本法》的
制定和主要内容

(一)日本政府出台该法的目的和理念

1999年3月,日本政府公布《制造业基础技术振兴基本法》,并于同年的6月18日正式实施。在提到制定该法的目的时,其第1条就表述,"鉴于制造业基础技术在国民经济中的重要作用,规定了促进制造业基础技术发展的基本事项,以应对近年来经济的多样化和结构性变化。全面、系统地推进制造业基础技术提升措施,以保持

和提高日本制造业基础技术水平，并为国民经济的健康发展做出贡献"。

在提到该法的理念时，该法第 3 条称：基础技术是产品质量及服务的保证；高素质工人是基础制造技术的支撑；中小企业构成了基础技术的发展生态。

关于措施制定，该法第 4 条明确规定了国家、地方公共团体、制造企业在振兴制造业基础技术过程中各自的职责和义务。国家负有制定和实施有关制造基础技术振兴的综合政策的责任，政府有关行政机构必须在法制、财政、金融方面制定振兴制造基础技术的基本政策和计划。

关于政府制定促进制造业基础技术振兴的基本政策，该法第 10—18 条列举了以下内容，"制造业基础技术的研发""推动制造业企业与大学的合作""确保制造业的劳动力""充分发挥制造业熟练工人的作用""推动建立产业集群""培育中小企业""加强与制造业基础技术相关的教育以及知识普及""国际合作"以及"意见反馈"。

(二)从法律层面对"制造业基础技术"和"制造基础产业"给出定义和分类

该法强调,"制造业基础技术"是与工业产品的设计、制造或维修相关的具有通用性、支撑制造业发展的技术。实际上,就是制造业中的共性基础技术。《制造业基础技术振兴基本法实施条例》中规定了支持制造业发展的技术,包括以下 26 类:(1)设计技术;(2)压缩成型、挤压成型、气喷射加工、注塑成型、锻造、铸造、冲压加工相关技术;(3)轧制、拉丝及拉拔相关技术;(4)抛光、剪断、切削及表面处理技术;(5)毛整、纺丝相关技术;(6)机织、剪切和针织相关技术;(7)缝纫技术;(8)染色技术;(9)粉碎相关技术;(10)造纸相关技术;(11)制版相关技术;(12)分离相关技术;(13)清洁技术;(14)热处理技术;(15)焊接技术;(16)熔炼技术;(17)喷漆及电镀技术;(18)精炼技术;(19)与水解和电解相关技术;(20)发酵技术;(21)聚合技术;(22)真空保持技术;(23)绕线技术;(24)制造过程管理相关技术;(25)机械设备维修及调整相关技术;(26)无损检测及物性测量相关技术。

二、日本《制造业白皮书》21 年的
发布历程和变化

日本制造业占其国内生产总值(GDP)的比重,从平成元年(1989 年)的 26.5% 出现震荡下滑,到 2009 年大幅降至 19.1%,但之后呈现缓慢回升态势,根据《2021 年版制造业白皮书》公布的数据,2019 年,日本制造业占 GDP 的比重已恢复至 20.3% 的水平,依然是支撑日本经济增长的关键领域。在日本制造业白皮书首次发布的 2002 年,其背景是新兴市场国家制造业快速增长,日本政府对"产业空心化"的危机感增强,因此采取了深化每个领域的国际分工以及零部件和原材料立国等战略。

历年的白皮书一般分为两大部分,第一部分描述日本制造业的现状和主要问题,第二部分描述日本政府在过去一年推动制造业发展的政策措施。2011 年及之前的白皮书都有专门章节谈到日本汽车、半导体、航空和钢铁

等产业发展的问题,但后来相关产业逐渐有了专门的规划,2012 年之后的白皮书已不再包含上述专门的章节。

一年一度制造业白皮书的发布,令日本产业界以及学界能够及时、全面地了解全球和日本制造业的情况,便于明确日本制造业基础技术的研发以及制造业未来发展的方向。

(一)日本《制造业白皮书》21 年的发布历程可依据日本经济趋势的调整分为 3 个阶段

1. 第一阶段:从白皮书首次发布开始到 IT 泡沫破灭(2001—2002 年)

《制造业白皮书》首次发布的背景是日本处于国内需求低迷、通货紧缩加剧的艰难时期。日本制造业企业通过努力降低成本提高了利润,但大部分利润用于偿还债务以改善财务状况。

在最初的《制造业白皮书》中,通过分析现状和制造业前景,面对由于制造业就业结构变化、海外工业化进程加快导致的日本制造业竞争条件变化、年轻人离开制造业、技术工程师老龄化等问题,提出了要促进技术研发以及增强制造业与大学合作的解决方案。

2. 第二阶段:从小泉改革到金融危机(2003—2009 年)

整个小泉政府执政期间,日本经济出现复苏,经济扩张期合计为 73 个月。日本制造业即使在价格温和通缩的情况下也恢复了生产和利润增长,逐渐消除了 IT 泡沫破灭后的企业债务膨胀和产能过剩等负面影响,并为新的发展完善基础设施建设。但自 2008 年下半年以来,受全球金融危机所引发的经济大衰退的影响,日本多个制造业领域的生产活动再次出现大幅下滑。

在小泉改革带来的经济扩张期,《制造业白皮书》曾指出,在海外需求强劲扩张和经济复苏的背景下,日本的制造业努力向海外扩张并加强国内基础,通过 IT 投资提高生产力非常重要。在金融危机过后,白皮书讨论了经济衰退期激进资本投资的影响以及全球经济衰退大背景下国际分工战略的重要性。

3. 第三阶段:从金融危机后到安倍经济学(2010年至今)

尽管从 2009 年春季左右开始日本经济逐渐从金融危机的影响中恢复,但"3·11"日本东北部大地震又导致了汽车供应链中断和企业的长期停产。日本制造业和电力供应出现不稳定,导致制造业跌幅创历史新高,尤其是运输机械行业。此外,日本制造业在应对全球制造业结构性变化的同时,还面临着欧债危机、泰国洪灾等导致市场恶化的诸多危机。2013 年后,安倍内阁的经济政策(安倍经济学)效应开始显现,逐渐形成制造业企业利润和工资同时增长的良性循环。

在这一时期,围绕日本制造业的结构性变化也十分显著。例如汽车行业数字化/模块化领域的扩张以及商业模式从传统的金字塔结构向全球网络结构的转变。近年来,在安倍经济学的刺激下,日本制造业企业利润提升,但劳动力短缺问题加剧,多份白皮书均强调,需要通过利用 IT 和数字技术的自动化与节省劳动力等举措,巩固日本制造业的基础,同时整合整个价值链、构建整体最优的商业模式。

(二)从《制造业白皮书》看日本制造业全球扩张战略的变化

首份《制造业白皮书》发布之时,正值日本泡沫经济破灭、1997 年中期日元快速升值以及新兴工业化背景下国内工厂加速海外扩张,导致日本国内制造业出现下滑的时期,即所谓的"产业空心化"危机感愈发强烈的时期。在此背景下,有关"全球扩张战略"的内容一直是当时白皮书所记述的重要内容之一。

在早期发布的白皮书中,针对通过"加工贸易"获取外汇以及生产设备向东盟国家转移的趋势,其已对日本国内制造基地的"空心化"问题表示担忧。但随着全球化进程的加快和新兴市场国家直接投资的活跃,"国际分工理论"应运而生。根据当时的白皮书,为了应对全球化中的全球竞争,强调日本需要在研发、生产和销售的每个阶段都保持最佳区位环境的地区建立基地,并强调需要通过"国际分工"来推动企业重组,提高管理效率。通过上述战略,日本制造业的供应链已经遍及亚洲,甚至在泰国和中国建立了日本汽车企业的集聚区。但同时,也有部分企业开始采取将"母功能"尤其是研发中心依然保留在日本国内工厂的策略。

21 世纪初,有文章分析认为,日本制造业在先进材料领域的全球市场占有率较高,从上游到下游的每一个环节都拥有重要企业,并通过技术优势赢得国际竞争。日本业界也重新认识到,上下游各个阶段协调的业务关系是日本制造业国际竞争力的源泉。21 世纪 10 年代,随着新兴市场国家的崛起,日本企业在锂离子电池、半导体、液晶等领域的全球市场份额大幅下降,但这一阶段的白皮书依然强调,日本企业应继续巩固其在"零部件以及原材料"领域的核心地位,提倡日本继续利用在相关领域的优势实现"零部件和材料立国"。从日本企业在部分制成品及零部件领域的市场份额来看,在国际竞争中,制成品的全球份额逐渐下降,但以原材料和零部件为首的"产品群"仍维持了较高的市场份额。例如,光刻胶所占份额超过 80%、硅晶圆以及半导体密封材料所占份额超过 60%、陶瓷电容器占比超过 50%。继续保持和利用这

些高性能材料领域的优势,有望成为重振日本制造业的
"出路"。

(三)从《制造业白皮书》看技术深化引起的日本制造业竞争环境的变化

技术深化所带来的竞争环境的变化是每年《制造业白皮书》所分析的一个重要因素。2003 年,当日本政府出台 IT 投资促进税收制度时,《制造业白皮书》也强调了如何利用管理 IT 方面的专家协调员以及培养高级 IT 人才的重要性。随着 IT 技术的进步,制造业的 IT 投资不断增加,21 世纪初主要在生产过程领域推动 IT 的发展。21世纪 10 年代发布的白皮书指出,模块化应用范围将随着数字化发展而在制造企业中不断扩大。例如,在以往被认为是日本企业协调发展典型的汽车行业,车载嵌入式软件的权重不断增加,同时通过模块化开发了通用平台。欧美汽车厂商率先通过模块化降低开发成本,显著改变了汽车行业的现状。不仅在汽车领域,还在飞机、半导体、液晶电视等各个领域,在确保核心技术自主研发的同

时,将各个模块外包已成为世界主流,产业结构也因此发生了翻天覆地的变化。如上所述,在产业结构和竞争优势发生变化的背景下,日本政府确定了优先发展先进材料的"零部件和材料立国"战略。

此外,随着物联网(IoT)的普及,连接企业从资源采购到设计、生产、物流、服务整个价值链的制造业数字化所受到的关注度不断提升。自从 2015 年德国发布"工业4.0"战略以来,白皮书中有关物联网和数字化的内容也不断增加。21 世纪 10 年代后半期,在白皮书有关数字化主题的内容中,强调了"制造"的重要性,不仅包括产品本身,还包括制造过程中所伴随的服务和解决方案等附加价值。其重点不仅在于物联网的数字化,还在于企业在引入物联网时所应采取的方式。